权威·前沿·原创

皮书系列为
"十二五""十三五""十四五"时期国家重点出版物出版专项规划项目

B

BLUE BOOK

智库成果出版与传播平台

陕西蓝皮书

BLUE BOOK OF SHAANXI

陕西"一带一路"建设发展报告
（2024）

REPORT ON DEVELOPMENT OF "THE BELT AND ROAD"

CONSTRUCTION OF SHAANXI (2024)

组织编写／陕西省社会科学院

主　　编／程宁博　王建康　谷孟宾

社会科学文献出版社

SOCIAL SCIENCES ACADEMIC PRESS (CHINA)

图书在版编目（CIP）数据

陕西"一带一路"建设发展报告.2024／程宁博，
王建康，谷孟宾主编.--北京：社会科学文献出版社，
2024.3
（陕西蓝皮书）
ISBN 978-7-5228-3317-0

Ⅰ.①陕…　Ⅱ.①程…②王…③谷…　Ⅲ.①"一带
一路"-国际合作-研究报告-陕西-2024　Ⅳ.
①F125

中国国家版本馆 CIP 数据核字（2024）第 042353 号

陕西蓝皮书

陕西"一带一路"建设发展报告（2024）

主　　编／程宁博　王建康　谷孟宾

出 版 人／冀祥德
责任编辑／吴云岑
责任印制／王京美

出　　版／社会科学文献出版社·皮书分社（010）59367127
　　　　　地址：北京市北三环中路甲 29 号院华龙大厦　邮编：100029
　　　　　网址：www.ssap.com.cn
发　　行／社会科学文献出版社（010）59367028
印　　装／天津千鹤文化传播有限公司

规　　格／开　本：787mm×1092mm　1/16
　　　　　印　张：13.25　字　数：193 千字
版　　次／2024 年 3 月第 1 版　2024 年 3 月第 1 次印刷
书　　号／ISBN 978-7-5228-3317-0
定　　价／158.00 元

读者服务电话：4008918866

陕西蓝皮书编委会

主　　任　程宁博

副 主 任　杨　辽　毛　斌　王建康

编　　委　于宁锴　马莉莉　刘西建　关鸿亮　吕晓明
　　　　　谷孟宾　杜跃平　冯宗宪　李　琪　张　涛

主　　编　程宁博　王建康　谷孟宾

执行主编　王晓娟　高云艳

主编简介

程宁博　陕西省社会科学院党组书记、院长，陕西省第十四次党代会代表，陕西省社会科学院学术委员会主任，陕西蓝皮书编委会主任。长期从事理论研究、政策宣讲、出版管理、社科研究与管理等工作，主要研究领域为马克思主义中国化时代化、思想政治教育、宣传思想文化等，对习近平新时代中国特色社会主义思想、党的路线方针政策、陕西省情、新型智库建设与管理等研究深入。多次参与重要书籍编写和重要文件、重要文稿起草工作，多项研究成果在中央和省级主流媒体刊发。

王建康　陕西省社会科学院党组成员、副院长，研究员，主要从事农村发展、区域经济研究。先后主持完成国家和省级基金项目6项，主持编制省级规划6项，区县发展规划20余项，承担世界银行、国家发改委、农业农村部等招标或委托课题18项；出版著作10余部，发表论文和调研报告60余篇；研究成果先后获得省哲学社会科学优秀成果奖5项。兼任省决策咨询委员会委员、省青联常委、省委理论讲师团特聘专家。省十二次党代会代表，省十三次党代会报告起草组成员，十二届全国青联委员，陕西青年五四奖章获得者，陕西省优秀共产党员。

谷孟宾　陕西省社会科学院金融研究所所长，研究员，主要研究方向为区域投资与地方金融。

摘　要

　　2023 年是"一带一路"倡议提出 10 周年。经过 10 年的发展，"一带一路"倡议成为开放包容、广泛参与的国际合作平台，持续展现强大韧性和旺盛活力，为世界经济复苏注入新动能，成为提振发展信心的希望之路。作为古丝绸之路的起点、"一带一路"的重要节点，十年来，陕西以打造内陆改革开放高地为主要目标，聚焦大项目、大平台、大通道、大数据建设，持续推进"一带一路"五大中心建设，发挥自贸试验区先行先试作用，坚持对内对外、平台通道、硬件软件、外贸外资一起抓，推动高水平"走出去"和高质量"引进来"，共建"一带一路"高质量发展再上新台阶，逐步从开放末梢走向开放前沿，开放型经济发展空间广阔。进入新的十年，陕西将会以更加积极有为的姿态融入共建"一带一路"，推进共建"一带-路"高质量发展。

　　2023 年，陕西认真贯彻落实习近平总书记关于共建"一带一路"的重要论述和历次来陕考察重要讲话重要指示以及党的二十大精神，深度融入共建"一带一路"大格局，"五通"建设稳步推进。交通商贸物流中心建设率先突破，中欧班列（西安）开行质效稳步提升。国际产能合作中心建设稳步推进，陕西企业"走出去"成效显著。科技教育中心建设深化拓展，合作交流和平台作用显现。大力开展对外文化交流和旅游，国际文化旅游中心功能全面彰显。丝绸之路金融中心加快建设，服务更多"一带一路"国家和地区。随着"一带一路"建设的稳步推进，"一带一路"大格局的逐步形成，中国—中亚峰会的成功举办为陕西深度融入"一带一路"注入了澎湃动力，陕西的对外开放将开启新的篇章。

2024 年是实现"十四五"规划目标任务的关键之年，是高质量共建"一带一路"的重要一年。本报告建议：持续推进国际运输走廊、国际航空枢纽建设，加快建设"立体丝绸之路"，构建以航空高端带动，铁路、公路无缝衔接的"立体丝绸之路"，加速打造陕西陆空内外联动、东西双向互济的开放格局。深耕中亚，加强能源供应、新能源开发、粮食农产品的国际合作，与东亚地区加强连接，加强国际分工与合作，促进陕西发展。拓展农业、新能源、电子商务、绿色和数字经济、高科技等领域合作，打造合作新亮点和新增长点。以打造国际门户枢纽城市为目标，高质量建设西安"一带一路"综合试验区。持续办好欧亚经济论坛、丝博会、农高会、全球秦商大会等会展平台，做优做强临空经济示范区、国际港务区等特色平台，全面提升对外开放平台能级。做好"一带一路"国际合作科创基地落地实施，共建高层次创新平台，打造国际顶级科技组织与国家级开发区合作发展的新样板。加快落实 RCEP 政策，进一步拓展与东盟国家合作的广度和深度。加强综合化金融服务产品设计和创新性融资模式设计，采取"境内推、境外引、内外联动"的工作模式，建立多渠道国际项目开发机制，扩大"一带一路"国际业务规模。

关键词： "一带一路"　设施联通　贸易畅通　资金融通　民心相通陕西　内陆改革开放新高地

Abstract

2023 marks the 10th anniversary of the proposal of the "the Belt and Road Initiative". After 10 years of development, we have jointly built the "the Belt and Road" to become an open, inclusive and widely involved platform for international cooperation. We have continued to demonstrate strong resilience and vitality, injected new momentum into the world economic recovery, and become a promising way to boost confidence in development. As the starting point of the ancient silk and an important node of the "the Belt and Road" initiative, Shaanxi has focused on the construction of major projects, platforms, channels and data, continued to promote the construction of the five major centers of the "the Belt and Road" initiative, played a leading role in the pilot free trade zone, and insisted on focusing on domestic and foreign trade, platform channels, hardware and software, foreign trade and foreign investment, We will promote high level going global and high-quality introduction, jointly build the high-quality development of the "the Belt and Road" to a new level, and gradually move from the end of opening up to the front of opening up. The open economy has broad space for development. In the new decade, Shaanxi will be more active and promising in the joint construction of the "the Belt and Road" and promote the high-quality development of the "the Belt and Road".

In 2023, The transportation, commerce, and logistics center has taken the lead in breaking through, and the quality and efficiency of the China Europe Express (Xi'an) have steadily improved. The International Production Capacity Cooperation Center is steadily advancing, and Shaanxi enterprises have achieved significant results in "going global". The Science and Technology Education Center has deepened and expanded, and the role of cooperation, exchange, and platform construction has become apparent. Vigorously carrying out cultural exchanges and tourism with foreign countries, the International Cultural and Tourism Center is fully demonstrated. The construction of the Silk Road Financial Center has been accelerated to serve more "the Belt and Road" countries. With the steady progress of the "the Belt and Road" construction and the gradual formation of the "the Belt and Road" pattern, the successful holding of the China Central Asia Summit has injected surging power into Shaanxi's deep integration into the "the Belt and Road", and Shaanxi's opening up will open a new chapter.

2024 is a crucial year for achieving the goals and tasks of the 14th Five Year Plan, and an important year to jointly build the the Belt and Road with high quality. This report suggests continuing to promote the construction of international transportation corridors and aviation hubs, accelerating the construction of the "three-dimensional Silk Road", building a "three-dimensional Silk Road" driven by high-end aviation, seamlessly connecting railways and highways, and accelerating the creation of an open pattern of land and air internal and external linkage, and mutual assistance between east and west. Deeply cultivate Central Asia, strengthen international cooperation in energy supply, new energy development, and food and agricultural products, strengthen connections with East Asia, strengthen participation in international division of labor and cooperation, and promote the development of Shaanxi. Expand cooperation in agriculture, new energy, e-commerce, green and digital economy, high-tech and other fields, and create new highlights and growth points for cooperation. With the goal of building an international gateway hub city, we will build Xi'an "the Belt and Road" comprehensive pilot area with high quality. Continuously running exhibition platforms such as the Eurasian Economic Forum, Silk Road Expo, Agricultural High tech Fair, and Global Qinshang Conference, optimizing and strengthening characteristic platforms such as airport economic demonstration zones and international port areas, and comprehensively improving the level of opening up platforms. Do a good job in the implementation of the "the Belt and Road" international cooperation and scientific innovation base, jointly build a high-level innovation platform, and create a new model of cooperation and development between international top science and technology organizations and national development zones. Accelerate the implementation of RCEP policies and further enhance the breadth and depth of cooperation with ASEAN countries. Strengthen the design of comprehensive financial service products and innovative financing mode, adopt the working mode of "domestic promotion, overseas introduction, internal and external linkage", establish a multi-channel international project development mechanism, and expand the scale of international business along "the Belt and Road".

Keywords: The Belt and Road Initiative; Facility Connectivity; Smooth Trade; Financing; Mutual Understanding Among The People; Shaanxi; A New Highland for Inland Reform and Opening Up

目 录 ⌐⌐

Ⅰ 总报告

Ⅱ 分报告

皮书数据库阅读**使用指南**

CONTENTS ⟪⟫

I General Report

II Sub-Report

Ⅲ Regional Chapter

Ⅳ Platform Chapter

V Case Study

总 报 告

B.1

陕西共建"一带一路"十年发展报告

陕西省发展改革委、陕西省社会科学院联合课题组*

摘 要： 2023 年是"一带一路"倡议提出 10 周年。经过 10 年的发展，"一带一路"倡议成为开放包容、广泛参与的国际合作平台，持续展现强大韧性和旺盛活力，为世界经济复苏注入新动能，成为提振发展信心的希望之路。作为古丝绸之路的起点、"一带一路"的重要节点，十年来，陕西以打造内陆改革开放高地为主要目标，聚焦大项目、大平台、大通道、大数据建设，持续推进"一带一路"五大中心建设，发挥自贸试验区先行先试作用，坚持对内对外、平台通道、硬件软件、外贸外资一起抓，推动高水平"走出去"和高质量"引进来"、共建"一带一路"高质量发展再上新台阶，逐步从开放末

---

* 课题组组长：张茹亚，陕西省发展和改革委员会区域开放与对外合作处（省推进"一带一路"建设办公室）处长；谷孟宾，陕西省社会科学院金融研究所所长、研究员。课题组成员：王鹏，陕西省发展和改革委员会区域开放与对外合作处（省推进"一带一路"建设办公室）副处长，研究方向为区域经济与公共政策；王晓娟，陕西省社会科学院金融研究所副研究员，研究方向为区域经济、金融投资；高云艳，陕西省社会科学院金融研究所助理研究员，研究方向为区域金融；刘肖楠，陕西省社会科学院金融研究所助理研究员，研究方向为"一带一路"、地方金融。报告执笔人：王晓娟、王鹏。

梢走向开放前沿，开放型经济发展空间广阔。进入新的十年，陕西将会以更加积极有为的姿态融入"一带一路"建设，推进"一带一路"高质量发展。

关键词： 陕西 "一带一路" 扩大开放

一 陕西共建"一带一路"十年亮点与成效

（一）坚持对标对表，积极承接重大任务，服务国家开放大局有力有效

配合中央、部委圆满完成 37 位国家元首和政府首脑接待任务，与哈萨克斯坦、吉尔吉斯斯坦、乌兹别克斯坦等国元首家乡建立友好省州关系，在"元首家乡"外交带动下，"一带一路"重要节点作用更加凸显。成功举行中国—中亚峰会，"中国+中亚五国"外长第二次、第四次会晤等主场外交活动，以及中国—中亚民间友好论坛、亚洲文化遗产保护联盟大会、"一带一路"媒体合作论坛等重大外事活动。持续放大中国—中亚峰会效应，17 项涉陕成果有序推进。以高水平通道为"先手棋"，高标准推进中欧班列西安集结中心示范工程建设，效率高、成本低、服务优的亚欧陆海贸易大通道加快形成，与西部陆海新通道实现战略交会。以高能级平台为"助推器"，稳步扩大制度型开放，在经贸、人文等方面与共建"一带一路"国家和地区开展一系列创新实践，自贸试验区 36 项典型经验在全国复制推广，上合组织农业基地与 60 余个国家开展现代农业合作，"三中心一基地"落户"一带一路"国际商事法律服务示范区。

（二）立足区位优势，构筑国际贸易大通道，交通商贸物流中心率先突破

"陆上丝绸之路"更加畅达，中欧班列（西安）成为全国中欧班列的排头兵，率先开辟跨里海、黑海贸易通道，开行全国首趟境内外全程时刻表

中欧班列，全国首个陆路启运港退税试点实施达效，西安铁路集装箱中心站成为全国第一个拥有3线6束的场站，国际线路达17条，"+西欧"集结线路达21条，开行量占全国开行总量的比重超20%，核心指标全国领先，实现了量的突破、质的飞跃和效的提升。"空中丝绸之路"织线成网，先后开通了多条重要洲际客运航线，在全国率先实现中亚"五国六城"通航全覆盖。截至2023年底，西安咸阳国际机场累计开通386条客货运航线，其中国际客运航线83条、全货运航线45条，开通4条第五航权航线①，加速构建"丝路贯通、欧美直达、五洲相连"航线网络格局。

（三）依托产业优势，积极嵌入全球产业链供应链，国际产能合作中心建设稳步推进

创新拓展"两国双园"国际产能合作新模式，扎实推进中俄、中欧等境内国际合作园区以及隆基股份马来西亚光伏产业合作区等境外园区建设。持续深化与共建"一带一路"国家和地区的务实合作，陕鼓、法士特、陕汽、爱菊等省内龙头企业加快布局海外市场，陕鼓系统解决方案和系统服务遍及全球100余个国家和地区，隆基股份在全球布局32个生产基地和150余个分支机构，陕汽重卡远销全球110余个国家和地区，陕建集团累计获得8项中国建筑工程鲁班奖（境外工程），合同签约额以每年10%以上速度增长。标志性工程和"小而美"项目统筹推进，西安爱菊哈萨克斯坦粮油经贸合作区列入"中哈产能与投资55个合作项目清单"，隆基绿能马来西亚光伏组件生产项目在当地创造近4000个就业岗位，陕西建工集团承建的奥什医院项目是吉尔吉斯斯坦南部最大的现代化大型综合医院，中交二公局建设的克罗地亚佩列沙茨大桥，是中克建交以来中资企业实施的规模最大的交通基础设施项目，实现了克罗地亚人民连接南北两片国土的夙愿，获得国际顶级大奖。国际化营商环境不断优化，外资吸引力不断增强，世界500强企业在陕投资设立144家外资企业，三星、美光等外资巨头持续加大投资，扩

---

① 数据来源于陕西省发展改革委。

大产能。全省对外贸易投资规模稳步扩大，截至 2022 年底，全省 306 家境外企业累计实现对外投资 68.8 亿美元，其中在共建"一带一路"国家和地区投资 18.2 亿美元，占总额的 26.5%。①

（四）发挥人文优势，注重讲好陕西故事，国际文化旅游中心功能全面彰显

推动文化"走出去"，成功举办 8 届丝绸之路国际艺术节、3 届世界文化旅游大会、8 届西安丝绸之路国际旅游博览会等重大活动。强化"部省合作"模式，积极推进与海外中国文化中心交流合作，"国风·秦韵"陕西文化周、非遗精品展等一批文化交流项目在海外引起强烈反响，"从长安到罗马文化交流演展工程"等一批文艺活动广受好评。推进国际旅游枢纽建设，先后与联合国世界旅游组织、亚太旅游协会等国际机构建立合作，联合北京、上海建立了国内首个入境旅游省际合作机制。成立陕西省丝绸之路考古中心，加快建设中亚丝绸之路考古合作研究中心，与 30 余个境外知名高校和文博科研机构建立交流合作关系，"丝绸之路：长安—天山廊道的路网"成为首例跨国合作、成功申遗的世界文化遗产项目。西北大学考古队在全国率先走出国门赴中亚国家开展境外考古发掘研究，出色地完成了乌兹别克斯坦拉巴特遗址、塔吉克斯坦贝希肯特谷联合考古发掘和调查工作，共同推动"一带一路"文明交流互鉴。

（五）发挥科教优势，强化智力人才支撑，科技教育中心建设拓点扩面

依托省内各类科技创新主体，深度参与"一带一路"科技创新行动计划，有效对接和利用全球科技创新资源，不断创新科技合作，着力推进科技人文交流、共建联合实验室、科技园区合作、技术转移等 4 项行动，与 40 余个国家和地区建立了全方位合作关系，建立了 23 个国家级、124 个省级国际科技交流合作基地，建成海外科技示范园区 10 个，共承担国家级国际科技合作项目 50 余项、省级国际科技合作项目 350 余项，近三年输出到共

---

① 数据来源于陕西省发展改革委。

建"一带一路"国家和地区技术合同成交 79 项，金额达 17.38 亿元。十年来，持续推进高校特色联盟发展，先后成立了"丝绸之路大学联盟"、"一带一路"职教联盟、丝绸之路农业教育科技创新联盟、"一带一路"文化遗产国际合作联盟等，对推进丝绸之路教育共同体建设发挥了重要作用；大力支持中外合作办学，全省中外合作办学机构与项目 46 个，其中本科以上层次中外合作办学机构数量位居西部前列；积极为"一带一路"倡议提供人才智力支撑，推进非通用语种新专业和复语教育，推广校企联合、订单式、学术导向的来华留学培养模式，大力培养语言通、专业精的本土化、国际化复合型人才，国际学生中"一带一路"国家和地区学生占比逐年提高，2022 年占比达 71%，陕西成为中亚国家留学生留学首选目的地之一。

（六）发挥创新优势，提升金融服务能力，丝绸之路金融中心加快发展

创新推出"中欧班列贷"、自贸港商票"运单融资"等产品，创新设立跨境人民币优质企业"白名单"，积极开展资本项目收入支付便利化、贸易外汇收支便利化和跨境金融区块链服务平台试点，稳妥推进本外币合一银行结算账户体系试点，"通丝路"平台被评选为第三批全国自贸试验区最佳实践案例并成功接入 CIPS（人民币跨境支付系统）标准收发器。着力培育和发展金融市场主体，全国 12 家股份制银行全部完成在陕布局，先后推动国家开发银行西安数据中心及开发测试基地、中国农业发展银行科技中心等金融央企功能性总部落户陕西。人民币国际化迈出坚实步伐，截至 2022 年底，与 96 个共建"一带一路"国家和地区实现人民币跨境收付 1813.17 亿元。十年来，陕西与共建"一带一路"国家和地区跨境收支规模从 2013 年的 115 亿美元增加至 2022 年的 219 亿美元，年均增长 7.42%。

二 陕西共建"一带一路"十年经验做法总结

陕西是古丝绸之路的起点和"一带一路"的重要节点。习近平总书记多

次来陕考察都对陕西开放发展作出重要指示,从2015年的"陕西要找准定位,主动融入'一带一路'大格局",到2020年的"陕西要深度融入共建'一带一路'大格局,打造内陆改革开放高地,构筑内陆地区效率高、成本低、服务优的国际贸易通道",再到2023年的"陕西要着力扩大对内对外开放,打造内陆改革开放高地。更加主动融入和服务构建新发展格局,更加深度融入共建'一带一路'大格局,在扩大对内对外开放中强动力、增活力,打开发展新天地",总书记对陕西实施全域开放、推进全方位全领域开放提出新的更高要求、寄予新的更高期望。10年来,陕西始终牢记习近平总书记嘱托,始终服从服务于中央部署,抢抓共建"一带一路"助推西部地区走向开放前沿的历史机遇,围绕"高标准、可持续、惠民生"目标,立足交通区位、产业、科教、历史、文化等优势,把建设"一带一路"交通商贸物流、国际产能合作、科技教育、国际文化旅游、丝绸之路金融等五大中心作为落实国家"五通"总体要求的陕西实践,坚持对标对表、服务大局,坚持高位部署、统筹推进,坚持发挥优势、彰显特色,全力打造国内大循环的重要支点、国内国际双循环的战略连接,助力构建陆海内外联动、东西双向互济的开放格局。经过十年的建设和发展,形成了具有陕西特色的经验和做法。

(一)高站位谋划部署,形成常态化工作机制

参照国家架构,成立了全省推进"一带一路"建设工作领导小组,全面加强统筹协调。成立了由省级领导牵头抓总的省"一带一路"建设安全保障协调小组、中欧班列(西安)高质量发展工作专班,构建了省市协同、部门联动、以企业为主体的工作推进机制。

(二)坚持科学规划引领,确保高标准任务落实

严格对标对表习近平总书记重要论述和国家总体部署,结合自身发展实际,先后印发实施《陕西省推进建设丝绸之路经济带和21世纪海上丝绸之路实施方案(2015—2020年)》《陕西省"十四五"深度融入共建"一带一路"大格局、建设内陆开放高地规划》,提出构建"一核两翼四通道五中心

多平台"开放布局，并按年度分解重点任务，分工协作，合力推进落实，确保共建"一带一路"沿着正确的政治方向不断推进。

（三）通道平台环境一起建，合力推进高质量发展

加快构建亚欧陆海贸易大通道，积极参与西部陆海新通道建设，不断完善交通运输体系，建成亚洲最大的铁路物流集散中心，中欧班列（西安）覆盖亚欧大陆全境，西安咸阳国际机场综合排名居全球前 50 位。上合组织农业技术交流培训示范基地建成投用，丝博会、欧亚经济论坛、杨凌农高会等展会影响力不断扩大，"一带一路"国际商事法律服务示范区使企业高效畅通地对接国际规则。目前，陕西省共有 5 个国家级经开区、7 个国家级高新区、47 个省级开发区（经开区和高新区），综保区达到 7 个，数量居全国第六、中西部第一，各类开放平台叠加聚集效应不断释放。

（四）外企外资外贸一起抓，扩大开放大格局

对内外资（内外企）一视同仁，凡是国家政策法规未禁止的领域全部向外资开放，并针对利用外资、招商引资制定了一系列政策措施，建立了外商投资公共服务平台和省市县三级联动服务机制，成立稳外贸稳外资工作专班，专门开辟绿色通道，全力帮助企业解决堵点难点问题。加快外向型产业集聚发展，完善海外仓和陕西商品展示中心布局，推进国家进口贸易促进创新示范区、国家加工贸易产业园建设，外贸盘子不断做大。十年来，陕西与共建"一带一路"国家和地区进出口额翻了两番，年均增长 18.4%，2022年首次突破 1000 亿元，达到 1128.93 亿元，同比增长 41%。

三 陕西共建"一带一路"高质量发展趋势展望

2023 年，共建"一带一路"进入下一个新的十年，面临新的国际国内环境。国际上各类贸易合作协定的签订有望促使"一带一路"成为区域经济和世界经济新的增长极。金融危机后各国为了摆脱经济复苏乏力境况，都

在不断谋求新的经济增长点,《区域全面经济伙伴关系协定》(RCEP)的成功签署与中欧投资协定的达成,对推动欧亚大陆自由贸易网络的互通和多边贸易规则的发展都将产生十分深远的影响,有望促使"一带一路"成为区域经济和世界经济新的增长极。

2023年10月,习近平主席在第三届"一带一路"国际合作高峰论坛开幕式上发表主旨演讲时宣布中国支持高质量共建"一带一路"的八项行动,为陕西更加深度融入共建"一带一路"大格局指明了方向。陕西作为"一带一路"的重要节点,肩负着建设内陆改革开放高地和丝绸之路经济带重要通道、开发开放枢纽等重要任务。同时,陕西处于新时代西部大开发、黄河流域生态保护和高质量发展等重大国家战略的叠加区,在共建"一带一路"高质量发展中需要与新时代推进西部大开发形成新格局、黄河流域生态保护和高质量发展等重大战略互为支撑,具备打通与中、东部地区之间的流通循环,发展更高层次的开放型经济的地理和经济发展优势。通过10年的发展与积累,陕西外贸外资量质齐升,对外开放迈上新台阶,为深度融入共建"一带一路"筑牢了坚实的基础。未来,陕西将以党的二十大精神和习近平总书记历次来陕考察重要讲话重要指示精神为根本遵循,扎实推进高质量共建"一带一路"行稳致远。

(一)提升中国—中亚峰会涉陕成果落实质效

以陕西省代表团访问中亚为契机,持续放大峰会效应,拓展与中亚国家在经贸、通道、绿色、科技、文化等领域交流与合作,加快向西开放。强化与中亚国家的经贸合作。积极推动哈铜、哈锌、哈铁等哈萨克斯坦企业在西安开展业务,共同打造中哈(西安)贸易中心。研究落实《中国—中亚峰会西安宣言》农业合作项目,促进西安成为同中亚国家农畜产品贸易中心,助力更多陕西企业持续扩大与中亚国家的农业贸易规模,开通中哈两国粮油等农产品绿色通道,推行粮食通关便利化,加快粮食流通。

(二)打造高水平通道、高能级平台

拓展中欧班列西安集结中心功能作用,巩固、稳定并提升中欧班列

（西安）良好发展态势，持续拓展多元化通道网络，推进亚欧陆海贸易大通道与西部陆海新通道、中老铁路等国际通道有机融合。加快自贸试验区改革创新，对标 CPTPP、DEPA、RCEP 等国际规则，加大制度型开放力度。深入推进"丝路自贸""科创自贸""农业自贸""会展自贸"建设，强化独特功能，打造差别化特色化发展标杆，发挥"上合组织农业基地+自贸片区+综保区"叠加优势，深化农业技术培训和产业模式推广示范，建设优选出口基地。提升丝绸之路国际艺术节、丝绸之路国际旅游博览会品质和国际影响力，持续优化软硬件环境，积极承办高级别外事活动，借力国家级重大外事活动，提高合作交流质量。

（三）积极融入国内国际双循环新格局

引导省内有实力的企业"走出去"，开拓国际市场，建好境内外国际合作园区，形成海外产业聚集，不断拓展国际产能合作领域，深度参与国际产业链供应链合作，增强供应链韧性。推动中俄、中哈、中欧等国际合作园区高质量建设，打造国际产能合作示范项目。有效发挥上合组织农业基地"科技合作、人才培育、技术推广、经贸促进"功能，加速推动我国农技装备、优良品种和农业服务"走出去"，精准服务上合组织国家农业现代化、产业化和可持续发展。拓展跨省交流合作。深化与东部发达地区经济技术协作，提升与粤港澳大湾区、长三角、京津冀等区域合作层级，承接产业转移，打造一批功能完善的示范园区。加强与新疆、内蒙古、广西、云南等沿边区域交流互动，推动共建开放大通道、大平台。推进陕西省内区域和产业协同开放。完善省内区域联动机制，推广"总部+基地""研发+生产""飞地经济"等模式，构建以西安国家中心城市为引领，关中、陕北、陕南协同联动，省市开发区有效支撑，县域联结耦合的区域协同开放体系。拓展国际合作新领域。

（四）开创人文交流合作新局面

推进国际友城建设提质增效。精心打造"国风秦韵""丝绸之路起点、兵马俑的故乡"文化旅游品牌。在中医药、联合考古、现代农业等领域积极谋划一批造福当地群众的"小而美"项目。挖掘和利用陕西省优势的人文、历史和生态资源，多方位开展国际合作，如在世界文化遗产保护、友好城市科技创新与合作等领域继续深化，利用朱鹮幸运美好和平的象征，承办秦岭朱鹮国际生态论坛等，扩展陕西开放领域和内涵、扩大民间外交。加强媒体合作，搭建海外社交平台，讲好陕西故事，营造良好国际舆论氛围。充分利用西安作为网红城市的知名度，打造国际消费中心，带动相关产业的发展。探索国际合作新领域，依托秦创原创新驱动平台，深度参与国家"一带一路"科技创新行动计划；全面提升中医药参与共建"一带一路"的质量和水平，加强跨国生态环境保护合作。

（五）构建"一带一路"高质量发展开放政策体系

探索陕西高质量发展制度路径。"走出去"学习先进做法，"走下去"深挖有差异的改革权限，形成具有陕西特色的开放制度体系，推动开放型经济高质量发展。优化陕西营商环境，加大数字政府建设力度，落实好外资企业国民待遇，加快建设"一带一路"国际商事法律服务示范区，推动国际商事纠纷领域诉讼、仲裁、调解有效衔接，为"走出去"企业提供多元化商事法律服务。建立国内外开放合作机制。建立和完善与共建国家地方政府间合作机制，加强与周边省份和东部省份在产业发展、国际物流通道建设、区域通关一体化等领域的合作，与各省份之间形成相互促进、互利共赢的开放发展格局。

B.2

2023年陕西共建"一带一路"发展报告*

孙　晶　关鸿亮　孔　妍　张　玉　王　鹏**

摘　要： 2023 年，陕西省认真贯彻落实习近平总书记系列重要讲话重要指示精神和党的二十大战略部署，深度融入共建"一带一路"大格局，"五通"建设稳步推进。下一步，陕西将在加快设施互联、促进产业融合、提升开放能力、推动民心相通、构建数字合作新格局等方面持续发力，谱写对外开放新篇章。

关键词： 丝绸之路经济带　"五通"建设　陕西

一　陕西共建"一带一路""五通"建设进展

（一）交通商贸物流中心：率先突破

中欧班列（西安）开行质效稳步提升，开行首列运邮专列、境内外全程时刻表班列，成功推动比亚迪、smart 等品牌新能源汽车通过中欧班列（西安）运输，国际线路和"+西欧"集结线路均达 17 条，① 全年开行 4639

* 本文数据由陕西省发展和改革委员会区域开放与对外合作处提供。

** 孙晶，陕西省公共资源交易中心副研究员，研究方向为区域经济与产业经济；关鸿亮，陕西省信息中心副研究员，研究方向为金融与区域经济；孔妍，陕西省信息中心助理研究员，研究方向为投资与区域经济；张玉，陕西省信息中心助理研究员，研究方向为区域经济与产业经济；王鹏，陕西省发展和改革委员会区域开放与对外合作处（省推进"一带一路"建设办公室）副处长，研究方向为区域经济与公共政策。

① 陈钢、姜辰蓉：《陕西：丝路起点书写"一带一路"开放新篇章》，《经济参考报》2023 年10 月 24 日。

列，较上年同期增长 20.8%，核心指标稳居全国前列。① 国际航空枢纽加快建设，机场三期扩建项目稳步推进，新开 5 条全货运航线，本土货运航空公司——西北国际货航完成国际首航。自贸试验区改革创新持续深化，共形成改革创新案例 96 个，建成全国首家"硬科技支行"，10 余个涉外法律服务类机构入驻"一带一路"国际商事法律服务示范区。陕西省 2022 年全年对共建"一带一路"国家和地区进出口额达到 1128.9 亿元，同比增长 41%，占全省进出口总值的 23.3%。②

（二）国际产能合作中心：稳步推进

卡塔尔首个全容量并网的 800MW 地面电站组件全部由隆基绿能供应，有力支撑举办"碳平衡"世界杯。世界最大的单体炼油项目尼日利亚丹格特炼油及石化项目由陕西化建承建。陕建安装集团参建的我国核电"走出去"的标志性项目巴基斯坦卡拉奇 K2/K3 核电站工程两台机组全面建成投产。宝桥集团参建的中国与克罗地亚和欧盟在"一带一路"框架下推进合作的重点战略民生项目克罗地亚佩列沙茨大桥通车。中亚地区首个百万吨级短流程炼钢工程项目乌兹别克斯坦 200 万吨炼钢工程项目由中国重型机械研究院有限公司承建。

（三）科技教育中心：深化拓展

全省 25 所高校与 13 个国家和地区的 37 所外方高校合作开办中外合作办学机构与项目 41 个，其中本科以上层次中外合作办学机构 9 个，数量位居西部第一、全国第八。③ 西北大学布局建设了 6 家省级"一带一路"联合实验室。全国首批鲁班工坊立项项目陕西铁路工程职业技术学院肯尼亚铁路培训中心项目获批。共推荐 3 批相关单位参加国家重点研发计划政府间科技合作项目，其中涉"一带一路"领域项目 27 个。2022 丝绸之路教育合作交

---

① 杨晓梅：《陕西交出"一带一路"建设亮丽成绩单》，《陕西日报》2023 年 2 月 3 日。
② 陈小玮：《共建"一带一路"的西部使命》，《新西部》2023 年第 8 期。
③ 张涵博：《陕西丝绸之路金融中心建设成效显著》，《各界导报》2023 年 10 月 20 日。

流会成功举办，30 余个项目达成合作意向，落地 17 个项目、9 个国际合作平台。

（四）国际文化旅游中心：全面彰显

成功举办第八届丝绸之路国际艺术节，吸引 29 个国家参与，惠及观众 399 万余人，2022 年共开展 24 项 174 场次对外文化和旅游交流活动。圆满承办第十二届金砖国家农业部长会议、世界城地组织亚太区执行局会议，扎实推进与哈萨克斯坦北哈州结好事宜。"兵马俑与古代中国——秦汉文明的遗产展览"赴日展出，援助缅甸蒲甘他冰瑜寺修复保护项目正式启动。①

（五）丝绸之路金融中心加快建设

LCS（中国—印尼双边本币结算机制）业务开展以来在试点地区外的首笔 LCS 成功在陕西落地。落地"自贸区风险参贷业务"，创新"涌金出口池"产品，推出一站式保函等服务，有效解决了涉外企业融资难、融资贵等问题。持续拓展跨境人民币优质企业名录，提供全流程、一体化的跨境人民币综合服务方案，"白名单"企业扩大至 152 家。截至 2022 年 12 月末，陕西人民币跨境收付辐射 148 个国家和地区，覆盖共建"一带一路"国家和地区 96 个，累计实现人民币跨境收付金额 1813.17 亿元，② 占累计人民币跨境收付总额的 39.96%，比全国平均水平高约 20 个百分点。

二 陕西共建"一带一路"面临的困难与问题

疫情过后，虽然全球经济逐渐回暖，各国交流日益频繁，但复苏之路仍然漫长。同时，全球政治经济形势发生了新的变化，陕西"一带一路"建设虽取得了很大进展，但仍存在诸多问题。

---

① 苏怡：《链接世界经贸之路生机勃勃》，《陕西日报》2023 年 10 月 16 日。
② 徐颖：《金融活水浇灌产业之花》，《陕西日报》2023 年 9 月 15 日。

（一）大国博弈阻碍"一带一路"建设步伐

共建"一带一路"国家和地区资源丰富、位置优越，是众多大国角逐和资本竞争的焦点。西方国家为加强对中亚地区的政治、经济、资源控制，减少对中国、俄罗斯的经济依赖，推出各种扩张型战略。美国"新丝绸之路"计划、欧洲"欧洲、高加索、亚洲运输走廊"计划、韩国"欧亚计划"、俄国"中欧运输走廊"等对外贸易战略在全球展开竞争，加大了"一带一路"的建设难度。从地理位置上看，俄罗斯和乌克兰两国在欧亚大陆占有重要的地理位置，俄罗斯更是新欧亚大陆桥的必经之路，但俄乌冲突迫使中欧班列过境货物直达乌克兰的线路全面暂停，只能改道经俄罗斯或白俄罗斯送达欧洲，运输成本增加、时效性变差，导致中欧班列订单量大幅减少，已经对丝绸之路贸易运输产生了巨大影响。同时，以美国为首的西方国家对俄制裁不断加码，持续影响中俄合作预期，国内的大型企业都担心"次级制裁"，中小企业也担心汇率波动及贷款风险而保持观望，变相增加了中国在俄罗斯及俄罗斯周边贸易投资的风险。

（二）对外开放载体未能充分释放"一带一路"政策红利

当前陕西省自贸试验区制度创新碎片化，优化流程方面的"微创新"多，围绕重点产业链具有影响力的集成创新成果少，先行先试作用发挥不充分。综合保税区之间存在同质化竞争，7个综合保税区总入区企业数仅374家，缺乏龙头骨干企业，发展动能不足。经开区外资利用率较低，优质外资项目少，25家省级经开区中有22家实际未使用外资，开放型经济较弱。丝博会、农高会等高能级平台数量偏少，全省尚未建立一体化物流信息平台，各类开放平台还存在短板，不能充分发挥"一带一路"政策红利。

（三）经济开放程度与向西开放前沿阵地的地位不匹配

当前陕西省内企业国际化经营水平不高，制造业24条重点产业链74家链主企业中有近四成企业不与境外发生经济往来，占全省工业总产值51%

的能源工业其原材料工业出口贡献仅有 5.7%。2022 年,陕西省有业绩的外贸企业(4455 家)占全省企业总数的 0.32%,占全国有业绩的外贸企业总数的 0.76%;新设外资企业(314 家)仅占全省新增企业总数的 0.13%,占全国新设外资企业总数的 0.82%。陕西省是文化旅游资源大省,但文旅资源转化利用效率不高,还存在文旅产业对外贸易规模小、产业合作少等问题,叠加疫情对外事、科教、文旅、卫生、体育等多个领域的冲击,一些国际交流活动被迫取消、延迟或转为线上。

(四)共建国家(地区)发展不均衡,导致丝路项目协同推进难度加大

共建"一带一路"国家和地区处在伊斯兰教、印度教、佛教影响、共存或对立地带,独特的地理位置形成了各具特色的民俗文化风情。其中部分国家政局稳定、资源丰富,国家对外开放程度较大,国民受教育水平较高,现代化水平普遍较高,但还有部分国家政局不稳、资源贫乏,现代化水平偏低,这类国家普遍较为贫困。共建"一带一路"国家和地区经济发展程度不同,文化风俗各异,交织错综复杂的宗教关系,进一步加大了丝路项目协同推进难度。

(五)专业人才缺乏影响"一带一路"在更高层次上拓展

"一带一路"国际合作需要很强的组织协同能力,各领域的合作背后实则是各国国家实力的博弈。目前,陕西省能够加强与各国政府间的沟通协作,但具有大型项目协作经验的国际型组织人才还存在较大缺口。同时,陕西省熟悉"一带一路"区域建设的经济学家、具有金融等专业知识和设施建设经验的复合型人才还较为缺乏,无法为企业"走出去"提供坚实的智力支撑。另外,共建"一带一路"国家和地区较多,所涉及的中亚、南亚、西亚等的国家官方语言达 40 余种,而我国高校开设的相关专业只有 20 余种,语言类人才远不能满足"一带一路"建设需要。

三　陕西共建"一带一路"的趋势及发展重点

（一）趋势分析

2023 年是"一带一路"倡议提出 10 周年，倡议的提出使陕西在对外开放大局中的区位优势凸显，进入向西开放的前沿位置，深刻改变了西部特别是西北地区对外开放格局。随着"一带一路"建设的稳步推进，"一带一路"大格局的逐步形成，陕西的对外开放将开启新的序章，陕西丝路经济带建设将迎来新的战略环境、新的战略机遇和新的战略任务。

1. 中国—中亚峰会的成功举办为陕西深度融入"一带一路"注入了澎湃动力

2023 年 5 月，首届中国—中亚峰会在西安成功举办，习近平主席亲自主持，并在西安进行了一系列重要外事活动，将陕西推到了世界舞台的聚光灯下。这既充分体现了习近平总书记、党中央对陕西的极大信任、极大关怀，也把陕西在共建"一带一路"大格局中的作用和地位提到了前所未有的新高度、新层级。今后借助峰会给陕西特别是西安带来的美誉，陕西可以结合稳增长、稳工业、促投资、促消费等工作，精心谋划一批重大项目、举办一批重大活动，持续为国内外企业和群众在陕投资兴业、旅行研学、工作生活创造更加良好的氛围，将会推动陕西城市国际化程度和经济外向度不断提高。中国—中亚峰会 17 项涉陕成果的积极落实，峰会效应的持续放大，港产港贸港城融合的深入推进，将会促进更多成果变为政策、平台、项目、资金，培育更多经济新增长点，助推陕西经济实现高质量发展，让陕西在"一带一路"建设中发挥更为突出的带动作用。

2. 全力打造内陆改革开放高地取得的新成效，为陕西共建"一带一路"奠定了坚实基石

习近平总书记来陕考察时指出，陕西融入共建"一带一路"大格局，积极"打造内陆改革开放高地"。随着陆海空多式联运的亚欧陆海贸易大通

道逐渐形成，中欧班列（西安）的辐射带动作用持续扩大，国际物流通道变得更加多元便捷。依托西安国家中心城市、上海合作组织农业技术交流培训示范基地、中欧班列西安集结中心、国家中医药服务出口基地等项目纳入国家层面并加快建设，未来陕西的开放平台承载更加高效，长期积累的发展势能将加速释放。今后，陕西应继续沿着习近平总书记指引的方向，紧抓机遇，对标国家"五通"总体要求，持续推动"一带一路"五大中心建设，着力破解开放不足短板，将内陆改革开放高地建设推向新阶段，"一带一路"建设将开创崭新的局面。

3. "一带一路"合作载体的不断丰富为陕西共建"一带一路"提供了有力支撑

十年来，陕西与共建"一带一路"国家和地区的交流合作日益密切，进出口额年均增长18.4%，为陕西深度融入共建"一带一路"大格局提供了巨大助力。新冠疫情之后，共建"一带一路"国家和地区之间亟须探索新产业、新业态、新模式的合作载体，开展更加紧密频繁的经贸、文化、教育、医疗等方面的国际交流合作。随着与共建"一带一路"国家和地区拓展更加深化的国际产能合作，隆基、陕鼓、法士特、陕汽、爱菊等省内龙头企业持续加快布局海外市场，积极吸引更多的世界500强企业在陕西投资设立外资企业，势必将促进陕西区域开放环境不断优化，国际化营商环境不断提升，全省对外贸易投资规模稳步扩大。更多的国家级国际科技交流合作基地在省内建立，丝绸之路大学联盟、"一带一路"职教联盟在省内组建，更多的省内高校与境外科研机构建立交流合作关系，将会不断拓展中国与中亚国家之间创新领域的国际合作，显著提升陕西服务国家开放大局能力，为陕西共建"一带一路"提供强有力的支撑。通过一项项实打实、沉甸甸的合作成果持续深化多领域务实合作，必将会形成中国与中亚国家之间深度互补、高度共赢的"一带一路"建设新格局。

4. 丝绸之路金融中心建设扎实推进为陕西共建"一带一路"贡献了金融力量

"一带一路"倡议提出以来，陕西持续深化外汇领域改革开放，不断提升外汇服务效能，以金融之力架起一座"一带一路"服务桥梁，为涉外经济发展注入新动能，丝绸之路金融中心建设开创了新局面。[①] "一带一路"国际金融合作论坛、中国金融四十人曲江论坛、全球创投峰会等有影响力的活动在陕举办，丝路金融研究院在陕设立，金融央企功能性总部和各类金融中介服务机构纷纷落户，企业直接融资渠道变得更加通畅，推动陕西上市公司实现了"质""量"双升。丝绸之路金融中心建设的扎实推进仍将继续为陕西共建"一带一路"注入源源不断的金融活水，为陕西深度融入"一带一路"大格局做出重要贡献。

（二）陕西共建"一带一路"重点

1.加快设施互联，贯通发展要道

持续推进国际运输走廊、国际航空枢纽建设，加快建设"立体丝绸之路"，构建航空高端带动，铁路、公路无缝衔接的"立体丝绸之路"，加速打造陆空内外联动、东西双向互济的开放格局。

充分发挥西安国际航空枢纽的作用，以西安咸阳国际机场三期扩建工程为抓手，推动扩大航权安排，提高与共建"一带一路"国家和地区之间直航比例，加快形成面向中亚、南亚、西亚国家的通道，丰富东南亚方向、欧洲方向常态化线路。提升省内其他支线机场的区域带动能力和口岸开放水平，全面提升基础设施保障能力和运行效率，辐射带动共建"一带一路"国家和地区。[②]

加快西康高铁、西十高铁、西延高铁、康渝高铁等重点项目的建设进度，完善以西安为中心的"米"字形高铁路网主骨架。对京昆、包茂、西兴高速实施改扩建，新建鄠周眉高速、马家堡至泾阳高速，加密西安都市圈高速路网骨架。

加速发展陆空多式联运，补齐西安空港型国家物流枢纽短板，建设好西安、延安陆港型国家物流枢纽和西安、宝鸡生产服务型国家物流枢纽，陆

---

① 《陕西省人民政府办公厅关于印发〈"十四五"深度融入共建"一带一路"大格局、建设内陆开放高地规划〉的通知》，2021年10月23日。

② 崔春华：《陕西自贸区七项重点工作推进高水平开放》，《陕西日报》2023年7月19日。

港、空港协同发展，以五大国家物流枢纽建设加速推动陕西成为西部地区物流体系核心，带动产业结构调整和经济发展。

以高标准建设中欧班列（西安）集结中心为目标，深入实施西安港扩能优化行动，加快集结中心支撑项目建设，提升班列集结能力，实现通过海铁联运等多种方式通达世界各地，优化班列境外资源配置，构建"+西欧"体系，全方位织密集结网络，提升运营质效，促进"班列+产业+贸易+物流"等融合发展，全力构建面向"一带一路"的现代物流体系。

2. 促进产业融合，培育竞争优势

建设国际合作园区。积极落实中亚峰会成果事项清单，推动中欧国家合作产业园、中俄丝路创新园等国际合作园区高质量发展，聚焦装备制造、生物医药、金融服务、物流仓储等领域吸引全球资本、人才、技术等生产要素。依托"驻欧洲招商联络处"，畅通欧洲企业投资信息交流。在西安和斯科尔科沃两地建设高科技产业园，深化人才合作、技术合作、经贸合作，打造一批具有核心竞争力的国际合作示范项目和千亿级产业集群。

推动优势产能"走出去"。抓住中国—俄罗斯中心等重点项目建设的契机，复制推广"陕鼓模式""隆基模式"，支持陕汽、爱菊、陕煤、比亚迪等龙头企业开拓海外市场，立足能源、高端装备、新材料、现代农业等产业优势，主动对接国际产能，推动爱菊建立粮食物流集散中心海外仓，进一步加快相关产业链、创新链、人才链、资金链的融合。利用好陕西省对外经贸合作专场推介会，推动陕西与共建"一带一路"国家和地区在机械、电力设备、电子器件等方面开展多领域合作，鼓励优势产能参与国际竞争，以更高水平开放赋能更高质量发展。

积极参与国际标准制定。支持中石油工程材料研究院等机构在优势特色领域和战略性新兴产业领域积极参与国际标准制修订，为中国技术"走出去"提供支撑和保障。

3. 发展外向经济，提升开放能力

提升开放平台能级。持续办好欧亚经济论坛、丝博会、农高会、全球秦商大会等会展平台，做优做强临空经济示范区、国际港务区等特色平台，全

面提升对外开放平台能级。把杨凌农业特色自贸片区打造成为上合组织农业技术交流培训示范基地、种质资源引进中转基地。培育硬科技要素交易市场，推动国家重大科技基础设施、科研平台和研发机构建设。建设"一带一路"二手车出口集结中心、"一带一路"进口商品集散分拨中心，高质量做好投资贸易双向促进。

高质量发展自由贸易试验区。发挥"自贸+口岸+综保"优势，加快现代特色产业聚集。加大国际贸易"单一窗口"应用力度，促进平台通道建设。对标 RCEP 等规则深化对外经贸开放合作试点，服务企业共享规则落地。提升贸易投资便利化水平，发展保税维修、离岸贸易等新业态，激发高质量发展动能。总结秦创原的成功经验，推广科技创新与金融融合发展，促进自贸区与秦创原相互赋能，加强联动协同发展。

提升服务保障能力。完善陕西省金融服务云平台、"通丝路"跨境电子商务人民币结算服务平台功能，建设中欧班列（西安）数字金融综合服务平台，全面推广跨境金融服务平台应用场景落地。复制推广丝路（西安）前海园发展模式，共享金融资源。借助全球创投峰会、中国金融四十人曲江论坛等活动，扩大金融开放合作。加强"一带一路"国际商事法律服务示范园建设，健全"一站式"国际商事法律服务生态链。

4. 促进人文交流，推动民心相通

加强国际科技合作。抓住西安获批建设"双中心"（综合性科学中心和科技创新中心）的契机，围绕西安高新"55611"产业体系，系统部署重大科学基础设施，创建高水平创新平台，谋划布局高精度地基授时系统、阿秒光源等大科学装置。整合"两院七所"优势科创资源，加快秦创原创新平台等专业载体建设进度。做好"一带一路"国际合作科创基地落地实施工作，共建高层次创新平台，打造国际顶级科技组织与国家级开发区合作发展的新样板。积极推动"一带一路"科技创新行动计划实施，办好全球硬科技创新大会、"一带一路"气候环境变化国际培训班等活动。加强"一带一路"综合试验区知识产权保护，更加深度地参与全球知识产权治理。

推动教育国际化发展。积极发挥"一带一路"高校联盟作用，鼓励开展境外办学，支持省内高校参与共建"一带一路"国家和地区大学共建工作，培养"一带一路"属地化国际人才。利用好丝绸之路大学联盟、中国—中亚人类与环境"一带一路"联合实验室、"一带一路"文化遗产国际合作联盟等载体，在科学研究、师生交流互访、实验技术平台开放共享等方面开展全方位合作。①

促进文化交流与传播。提升亚洲文化遗产保护联盟、丝绸之路考古合作研究中心的影响力，以文化遗产为载体，加深与共建"一带一路"国家和地区的人文交流与合作。加开文化专列，将独具陕西特色的非遗作品、旅游产品带向世界。做好陕西文化周、非遗精品展等优秀文化项目的交流工作。办好中国西部文化产业博览会、西安丝绸之路国际旅游博览会、丝绸之路国际艺术节、丝绸之路国际电影节等一系列文化交流活动，推动共建"一带一路"国家和地区文明交流互鉴。

5.打造"数字丝绸之路"，构建数字合作新格局

加强数字信息通道建设。发挥西安作为全国六大通信枢纽、七大互联网直连点城市的优势，依托西安软件园国家软件"双基地"（国家工业化产业示范基地、中国首批智慧软件园区试点基地），利用好数字技术创新实验室，制定"一带一路"统一的数字化技术标准，成立"一带一路"数字技术创新创业孵化基地，探索建立国家数字信息港，打造一批数字化专业平台，畅通各国在数字技术软硬件方面开发及合作通道。

加快发展"一带一路"数字经济。推动西安高新区数字经济产业园、沣西新城数字经济产业园、咸阳西部数字经济产业园、铜川数字经济产业园、智慧汉台数字经济产业园等一批专业化园区加快发展。通过数字技术和发展理念的推广与合作，促进各国传统产业数字化转型和数字产业发展，推动"一带一路"数字贸易发展，鼓励企业投资"一带一路"数字产业。利用好西部数字经济博览会，办好"中亚云品"特色电商活动，开展多边数字经济项目合作，共建数字"一带一路"产业链、价值链、信用链。

---

① 关颖：《形成"两平台、三联盟"为主的合作交流机制》，《西安日报》2023年10月12日。

分 报 告

B.3

2023年陕西"一带一路"通道
发展报告

孙雅姗　张　敏*

摘　要：　本报告对陕西共建"一带一路"通道的几个重点领域——铁路、公路、航空、信息等在国际、国内互联互通的最新发展与成效做出总结与分析。本报告认为,陕西目前在共建"一带一路"通道中缺乏各骋所长的顶层设计,通道建设区域合力尚未形成;前瞻性综合规划不足,建设质量及效率仍需提高;传统基建融资模式难以为继,资金支持通道共建模式有待明确等。陕西在中亚峰会后的国际知名度和国际影响力将进一步提升,应把握机遇,在通道共建中夯实顶层设计,实现精准定位和差异化发展;放大中国—中亚峰会效应,推动陕西与中亚国家合作再上新台阶;加快推进"数字丝绸之路",建设西部数字经济引领区;强化通道金融运营协作能力,探索金融资源利益共享机制。

* 孙雅姗,陕西省社会科学院金融研究所助理研究员,研究方向为微型金融与区域金融;张敏,陕西省社会科学院农村发展研究所副研究员,研究方向为农业经济管理。

关键词： "一带一路" 陕西 通道建设 数字丝绸之路

一 陕西共建"一带一路"通道进展与成效

（一）总体思路

2023 年是"一带一路"倡议提出十周年。十年来，中国始终秉持共商共建共享原则，有序推进跨境铁路、公路、水运、能源电力及数字信息等基础设施建设。近年来，陕西以通道建设助力内陆开放发展，从"后卫"变成"前锋"。国内国际、跨区域间交通基础设施互联互通水平显著提升；长安号主要指标领跑全国、西安咸阳国际机场综合排名居全球前 50 位……多维度、全方位、立体化的通道建设正在不断丰富陕西共建"一带一路"的内涵与外延。2023 年 10 月 18 日，习近平主席在第三届"一带一路"国际合作高峰论坛开幕式上宣布中国支持高质量共建"一带一路"八项行动，指出要进一步构建'一带一路'立体互联互通网络。加快推进中欧班列高质量发展，搭建以铁路、公路直达运输为支撑的亚欧大陆物流新通道；加快陆海新通道、空中丝绸之路建设。[①] 这一指示为陕西未来共建"一带一路"通道指明了方向。

（二）现状与成效

十年来，陕西紧抓"一带一路"建设机遇，积极打造陆空国际运输走廊，推动形成航空高端带动，铁路、公路无缝衔接的"立体丝绸之路"，陆空内外联动、东西双向互济的开放格局正加速形成。

1. 铁路通道

"一带一路"铁路通道建设中，我国规划了北、中、南三条铁路通道，陕

---

① 中华人民共和国主席习近平在第三届"一带一路"国际合作高峰论坛开幕式发表主旨演讲《建设开放包容、互联互通、共同发展的世界》。

西作为中国地理版图的中心,凭借天然的区位、交通物流优势,通过新建、接轨、提升、织密等方式参与到三条通道建设之中,成为高效联通"一带一路"的重要枢纽。从国内段来看,陕西以亚欧大陆桥陆路通道为主,打造"一主五廊"空间通道布局,由西安向京津冀、长三角、粤港澳大湾区、北部湾、内蒙古五个方向延伸。已实现西安至北京、郑州、成都、兰州、银川等城市快速直达。在陕西"米"字形高铁线网中,已有郑西、西宝、大西、宝兰、西成、西银等线路投入运营;西延、西康、西十(陕西段)、康渝(陕西段)4个在建高铁项目提速推进。[①] 此外,作为国家"八纵八横"高速铁路通道之包(银)海通道重要组成部分的延榆高铁项目已获国铁集团及陕西省人民政府联合批复,具备实质性开工条件。从跨境铁路发展来看,陕西紧抓"一带一路"建设机遇,积极打造国际运输走廊。2022年2月,陕西首趟中老铁路国际货运列车开行,标志着陕西及我国中西部地区打开了一条直达东南亚的安全快捷的国际物流新通道;《中国—中亚峰会西安宣言》提到的两条可能的跨境铁路——中国—吉尔吉斯斯坦—乌兹别克斯坦、中—哈—土—伊(朗)过境通道也为陕西参与"一带一路"跨境铁路通道建设带来机遇。

2. 货运班列

长安号自2013年首开以来,运营质效逐年跨越式提升,已成为陕西向西开放的重要平台、国际贸易的"黄金通道"。截至2023年7月底,长安号累计开行19099列。2023年开行3045列,同比增长37.3%;运送货物总重274万吨,同比增长47.7%;班列开行量、货运量、重箱率等核心指标稳居全国第一。[②] 从覆盖面来看,长安号常态化开行17条国际线路,携手兄弟省市开行"粤陕号"等21条国内集结线路,"+西欧"集结体系织线成网,国际干线达17条,覆盖亚欧大陆45个国家和地区(见表1)。此外,长安号还向东开行了西安至青岛、宁波等沿海港口的铁路图定班列,通过海铁联运快速通达世界各地。

---

① 李建飞:《陕西亮出"一带一路"建设十年成绩单》,《中国改革报》2023年10月13日。
② 周明:《数说》,《陕西日报》2023年9月11日。

表1　长安号开行线路一览

开行方向	开行线路
中亚方向	西安—哈萨克斯坦阿拉木图,西安—乌兹别克斯坦塔什干,多式联运覆盖中亚五国
南亚方向	西安—尼泊尔加德满都,西安—巴基斯坦伊斯兰堡公铁联运线路
西亚方向	西安—伊朗德黑兰,西安—阿塞拜疆巴库
东南亚方向	西安—越南,西安—老挝
欧洲方向	西安—德国汉堡,西安—波兰马拉舍维奇,西安—俄罗斯莫斯科

资料来源：长安号官方服务号。

从运行特点来看，中欧班列以其运距短、速度快、安全快捷、受自然环境影响小等优势，已经成为国际物流中陆路运输的优选路线，近年来呈现班次增长速度快、开行起点增多、频次不断加快、货品来源日益丰富等特点；中欧班列物流组织日趋成熟，区域间铁路、口岸、海关等部门的合作日趋密切，共建共享优势通道已成为各省市扩大通道辐射范围、开拓更广阔市场的新合作模式。2022年6月，首列海防—西安—阿拉木图长安号从西安发车，标志着中欧班列长安号与西部陆海新通道首次实现互联互通，是中欧班列（西安）集结中心实现陆海内外联动的具体抓手。

3.公路通道

陕西是中国公路交通网络的重要节点，拥有多条国家高速公路和国道，实现了与周边省份的高效互联互通。十年来，陕西高速公路规划从"米"字形到"三纵四横五辐射"再到"两环三纵六辐射七横"，已经形成连霍、京昆、包茂、福银、沪陕等高速公路快速辐射网，高速公路通车里程超过6000公里。近年来，陕西为融入"一带一路"通道建设，不断织密通连网络。2023年，陕西省高速公路在建规模达763.7公里，截至8月底，累计完成投资161.5亿元。[①]

2023年9月，京昆高速公路蒲城至涝峪段改建扩容工程顺利实现通车，

----

① 《陕西加快高铁建设步伐　未来将实现市市通高铁》，陕西网，https：//new.qq.com/rain/a/20230912a03rau00。

对推动西安国家中心城市发展和关中城市群发展，促进陕西与华北、西南省份的经济协作、文旅交流具有重要意义；同年10月底，丹凤至山阳2个高速公路建设项目具备通车条件，该公路构建起秦巴山区高速路网，实现了公路沿线"镇镇通高速"，形成了连通西北、西南、中原和华东、华南地区的重要通道和经济走廊。此外，岚皋至陕渝界、麟游至法门寺、眉县至太白3个高速公路建设项目按计划加快推进；包茂线曲江至太乙宫段改扩建等5个高速公路建设项目控制性工程已经全面开工。① 这些项目的实施有效提升了"一带一路"区域内路网通行能力，引领城市板块发展，潜移默化地助力着交通发展带来的联通升级、产业提速、新城扩容。

4.航空通道

陕西充分发挥"一带一路"承东启西的区位优势，全力打造国际航空枢纽和国际运输走廊。客运通道方面，作为西北地区最大的门户机场，西安咸阳国际机场通航点达192个，航线达288条。其中国际通航点30个，运营航线30余条。中国—中亚峰会以来，西安在运营迪拜、悉尼、伦敦等23条客运航线的基础上，又相继开通至塔什干、比什凯克、阿斯塔纳、阿什哈巴德、杜尚别国际航线，成为全国唯一率先通航全覆盖中亚五国的城市。② "丝路贯通、欧美直达、五洲相连、联结全球"的"空中丝绸之路"已初步形成。货运通道方面，陕西积极打造临空经济示范区，西安咸阳国际机场累计开通包括104条国际航线在内的386条客货运航线，已实现与全球37个国家76个城市互联互通；开通首尔—西安—河内、莫斯科—西安—阿拉木图、首尔—西安—洛杉矶、叶卡捷琳堡—西安—普吉4条第五航权航线，以"一年一条"的效率使全货运航线由原来的不到10条增加到45条，航空货运量从17万吨增加到近40万吨，打开了全球供应链的"陕西窗口"，初步构建起面向"一带一路"、辐射全球的货运航线网络。

四通八达的"空中丝绸之路"航线网，促进了快递物流、跨境电商等

---

① 梁璠：《我省现代化立体交通网络正在形成》，《陕西日报》2023年9月13日。
② 杨晓梅：《陕西现代综合立体交通网络加速形成》，《陕西日报》2023年9月13日。

产业发展。目前，空港已经聚集了东航、海航等 14 家航企总部和芬兰航空、大韩航空等 15 家外航办事处；普洛斯、丰树、日立等近 200 家现代物流企业汇聚于此，13 个物流园区建成并投入运营，目前是西北地区最大的航企聚集区、功能最全的空港型国家物流枢纽。

5. 信息通道

当前，数字要素对经济发展的放大、叠加、倍增作用逐步显现，数字经济已成为世界经济发展最活跃、最重要的新动能。我国早在 2017 年就提出建设"数字丝绸之路"。截至 2022 年底，中国已与 17 个国家签署"数字丝绸之路"合作谅解备忘录，与 23 个国家建立"丝路电商"双边合作机制。陕西"数字丝绸之路"建设稳步推进，以深度布局云、数、智、5G、工业互联网、区块链等数字经济新技术与共建"一带一路"国家和地区的合作为抓手，深度打造"数字丝绸之路"，2022 年全年，陕西省数字经济总量占生产总值比重超过 30%。

从"硬联通"发展成效看，"截至 2023 年上半年，陕西全省累计开通 5G 基站 3.9 万座，培育 55 个数字化典型应用场景和各类数据中心 22 个；物联网终端用户数达到 2766.7 万户。西安国际互联网数据专用通道建成运行，总带宽达到 800G"。[①] 西安、宝鸡等重点市（区）建设数字经济园区 45 个、数字经济平台 90 个。认定省级数字经济示范区 5 个、示范园 15 个、示范平台 15 个。从"软联通"发展成效看，数字产业体系持续优化，西安获批国家新一代人工智能创新发展试验区。国家工业互联网标识解析二级节点，能源互联网、工业互联网试点示范等项目顺利推进。数字生态环境持续改善，陆续启用西北首个省级 RCEP 企业服务中心，开通全省首条 TIR 国际跨境公路货运线路；建成运行陕西省境外企业和对外投资联络服务平台等 40 余个对外服务平台，"中欧班列长安号+跨境电商""云端+自贸+产业+园区"等"跨境电商产业链+综合服务体系"生态圈初步形成，为推动"数字丝绸之路"高质量发展写下生动注脚。

---

① 邵志媛：《为全球数字贸易发展贡献智慧和力量》，《国际商报》2023 年 10 月 25 日。

二 陕西共建"一带一路"通道面临的困难与问题

（一）各骋所长的顶层设计有待形成，区域共建合力还需加强

"一带一路"倡议提出以来，国内各省区市参与共建的热情强烈，纷纷提出各具特色的思路和规划，在对外通道建设、对外合作平台以及重大项目、自由贸易试验区建设等方面竞争激烈。各地争当起点、枢纽、"排头兵"，"做主人不做客人，做'客厅'不做'通道'，做引领不做跟随"的心态不同程度地存在，低层次重复建设、功能雷同等问题阻碍了"一带一路"资源价值的有效发挥。例如，在西部陆海新通道建设中，"西部各地已经开通的多条重叠的铁海联运线路，正在以低价争抢货源。靠财政补贴支撑班列运行，本身就违背市场规律，不但造成资源浪费，还会引致共建国家的困惑和质疑"。① 从统筹协调方面来看，这样一个覆盖多省市、跨越多国的战略工程，其职能部门是重庆市中新示范项目管理局，"小马拉大车"的组织架构难免出现"各念各经"的问题。究其原因，还是顶层设计在建设规划和系统政策方面有待完善。

陕西是古丝绸之路的起点，具备向西开放区位优势的另一面是，"东向"开放与"西向"开放存在明显的不均衡。相较于与共建丝绸之路经济带的中亚、中东欧、俄罗斯等国家和地区的合作水平而言，与东盟、澳大利亚、韩国、日本等21世纪海上丝绸之路区域和国家之间的经贸合作尚处于起步阶段，基础比较薄弱。面对国内众多省份的同台竞争，充分体现和发挥自身优势，实现与其他省份的良性互动，借力国家战略与共建各省份以及政企之间协同配合，内化为内陆参与国际经济合作竞争新优势，是陕西未来参与共建"一带一路"面临的重要挑战之一。

----

① 谭庆红：《西部陆海新通道建设的机遇、问题及路径》，《社会科学家》第8期。

（二）前瞻性综合规划储备不足，建设质量及效率仍有提升空间

基础设施先行是中国经济发展的一条重要经验，也是"一带一路"建设的先行举措。然而，基础设施建设投资大、周期长，在国际形势瞬息万变的时代背景下，需以前瞻性思维进行统筹布局，才能有效满足"一带一路"高质量发展的需求。过去几年，对基础设施建设的规划是在探索"一带一路"建设的目标、内涵、方法、机制和项目落实的框架下"摸着石头过河"，不可避免地存在远景性、整体性和系统性规划不足等问题。随着"一带一路"建设走向纵深，一些规划设计前瞻性、协调性和综合性不足问题日益显现，由此引发的在区域、领域、项目、融资等方面布局失当、无序发展等问题逐渐暴露。如一些政府投资项目特别是大型基础设施项目因缺乏前期预测性商业评估及可行性研究，往往后期管理不善；一些基础设施项目出于完成政治目标，对综合配套性、社会效益性、资源节约性、环境友好性等重视不够，导致布局失衡以及产业链、价值链不完备等影响建设质量及整体效益。

（三）传统基建融资模式难以为继，资金支持通道共建模式有待明确

基础设施建设是"一带一路"通道建设的具体依托。基础设施建设资金需求大、回收期长，需要充足的金融资源和有效的融资市场提供支持，但因基础设施的公共排他性、基础配套性以及无法贸易性，其融资比一般项目的融资更为复杂，风险更大。首先，基础设施的公共排他性使得政府往往是建设经营的主体。基础设施融资主要依靠政府财政资金及政府融资。但目前，我国地方政府缺乏合法的低成本融资渠道。数据显示，目前地方政府债券大概能解决 20% 左右，PPP 落实的资金量非常少，大约在 10%，也就是说现在真正的合法程序只能解决地方政府债券融资需求的 30%。[①] 其次，基础设施的基础配套性要求基建项目与供水、供电等公共资源配套体系建立

---

① 杨金亮：《基础设施建设投资少，地方政府融资面临五大挑战》，《中国招标》2018 年第 8 期。

密切联系。通道建设不同于单一的基建项目，其整体性特征需要跨省、跨区域协作，多部门的联动配合、成本共担、成果共享。但不同省区市会因各自发展理念、利益诉求等问题，财政支持差异较大，资金分配模式仍停留在框架协议阶段，尚未形成有效共建合力。如在西部陆海新通道建设中，西部各省份虽初步制定了财政支持"分段补贴"模式，但在具体操作层面，这样的合作还远未实现，都将开行以自己为起点的整列班列作为主要任务。

三 陕西共建"一带一路"通道的对策建议

（一）夯实顶层设计，实现精准定位和差异化发展

一是由"基建思维"向"通道思维"转变。基础设施建设与通道建设既有联系也有区别，通道建设不但要"建道"还要"畅通""联通"，基础设施建设是通道建设的组成部分和具体依托。基础设施建设可以是一个城市、省份、地区的局部行动；而通道建设是在整体观下，以统筹性顶层设计为引领，关系到"一带一路"发展大局的各基础设施间的互联互通与资源协调。陕西要融入"一带一路"通道建设，必须在跨区域合作中坚持全局思维，精准定位，提升自身在顶层设计中的利益契合度。二是积极融入西部陆海新通道建设。加快统筹编制陕西参与西部陆海新通道的总体规划，明确陕西在通道共建中的战略定位、发展目标、空间布局与主要任务；强化区域性合作，与重庆、四川、广西、贵州等相关省（区、市）协作联动，按照"补断点、强内联、梳堵点"的基本思路高位推动通道基础设施建设；围绕西部陆海新通道建设相关要求，加快调整省内产业结构、优化产业布局，大力推进通道基础设施互联互通，共享通道建设发展成果。三是结合省内产业园区布局和物流枢纽发展实际，加快推进重点领域、重点项目、重要节点、重要枢纽建设，着力推动"通道经济"提质升级，撬动与其他国家战略的对接。

（二）放大中国—中亚峰会效应，推动陕西与中亚国家合作再上新台阶

中国—中亚峰会在陕举行之后，中亚五国和"一带一路"其他参与国更加关注陕西，不断加强与陕西的交流与合作。如乌兹别克斯坦、吉尔吉斯斯坦等国家的政要代表团来陕访问，考察项目、出席活动、洽谈合作、推进交流；陕西与哈萨克斯坦、吉尔吉斯斯坦、乌兹别克斯坦等国的元首家乡建立友好省州关系，并进行会晤会谈，交流合作意见。未来，应全力落实峰会成果，放大峰会效应，更好融入共建"一带一路"大格局。一是有效利用现有的共建平台和对话机制，化战略机遇为发展现实，以保政策红利可持续释放。办好欧亚经济论坛、丝博会等"陕西牌"高层次国际合作平台，充分利用已形成的能源、金融、旅游、教育、文化、海关、科技、物流等领域的固定合作机制，巩固包括领导人会晤、官方会议和民间对话在内的多层次、多领域、多类型合作框架，进一步探索中亚五国产业体系和陕西现代能源、先进制造、战略性新兴产业及文旅产业等领域的合作潜能，以国家中心城市、内陆改革开放新高地、秦创原创新驱动平台等建设议题为支撑体系，凸显地方元素，强化地方带动，深挖中国—中亚峰会政策红利，形成促进陕西联动发展的长效机制。二是积极拓展新的共建平台和对话机制，拓宽共建"一带一路"的支撑维度。加强与"一带一路"高峰合作论坛、博鳌亚洲论坛等全球性国际组织以及东盟、上海合作组织等区域性国际组织的联系和对话，在这些国际组织的业务范围框架下，探索在开展"一带一路"基础设施建设领域建立合作平台的可能性与可行性，力争在国际交通设施互联互通、国际运输协定签署、跨境直达通关便利化等方面取得新突破。

（三）加快推进"数字丝绸之路"，建设西部数字经济引领区

"一带一路"发展的核心在于经贸合作，经贸合作中最重要的一环就是相互之间信息的畅通。陕西地处内陆，想要跨越地域建设开放新高地，必须充分利用数字技术进步带来的新动能和新优势，走好"数字丝绸之路"这

条新发展格局下高水平对外开放的新路径。一是不断夯实数字经济发展基础，构建具有竞争力的数字经济发展体系。"以数字技术为驱动力，以数字产业发展为核心，以数据信息系统建设为起点，深化数字经济与实体经济融合，大力推进传统产业数字化转型升级，建设西部数字经济引领区。"① 二是建设国家数字经济创新发展试验区。充分发挥陕西科教、人才、军工等资源优势，与共建国家和地区的政府、企业合作，围绕数字经济产业展开产业合作、产业园区合作，大力发展智慧物流、数字金融、数字经济总部基地等数字经济产业，加快发展新模式新业态，打造"数字丝绸之路"的产业生态。三是创新数字合作机制。充分发挥西安市工业互联网产业联盟、数字经济国际盛会等国内外数字合作平台作用，继续办好（西安）工业互联网高峰论坛、全球程序员节、全球硬科技大会等重大品牌活动，加强国内外先进企业的交流合作，扩大陕西在世界数字经济发展中的话语权。四是进一步谋划出台新一轮发展规划。对《陕西省"十四五"数字经济发展规划》进行总结评估，加快谋划新一轮建设实施方案，强化中国—中亚峰会在数字经济合作共识中的全局性牵引作用，挖掘中亚各国在数字贸易竞争中的比较优势，探寻合作利益共同点，积极研究落实促进陕西数字经济发展的优惠政策，延展陕西省在数字贸易发展中的价值链和产业链。

（四）强化通道金融运营协作能力，探索金融资源利益共享机制

一是加强与中央有关部门对接，争取"一带一路"通道建设专项资金、亚洲基础设施投资银行贷款、中央预算内投资等各类资金支持，加快通道关键基础设施 PPP 项目准备，优先将条件成熟的项目推荐申报列入国家示范项目，获取国家政策支持；重点做好对通道基础设施、物流等领域的融资服务，统筹运用好政策性贷款、项目贷款、应收账款质押贷款等多样化金融产品，满足项目运营主体不同阶段合理的资金需求。二是培育壮大金融服务主

---

① 陈伟光、钟列炀、张建丽：《数字经济时代的现代化治理与治理现代化》，《华南师范大学学报》（社会科学版）2023 年第 9 期。

体，组建陕西"一带一路"通道建设金融服务联合体，开展金融支持陕西"一带一路"通道建设的融资产品和债券融资创新，探索在陕西自贸试验区设立中外合资的通道建设投资（私募）基金的可能性，依托大数据平台完善银企线上、线下供需对接机制，引导金融机构量身定制融资方案。三是强化通道金融运营协作能力建设。在西部陆海新通道现有的合作基础之上，率先研讨推进各区域之间利益协调与补偿机制、风险联合防范工作机制，推动金融管理部门在信息互享、监管互认、执法互助等方面协调联动。促进多通道多平台的协同联动，推动更多金融改革试点和创新举措扩容提质。

B.4
2023年陕西"一带一路"贸易合作发展报告

高云艳　王晓娟*

摘　要：　共建"一带一路"栉风沐雨，奋力谱写精彩篇章，贸易合作实现高质量发展。陕西省深入贯彻落实习近平总书记关于共建"一带一路"重要论述和来陕考察重要讲话重要指示精神，积极发展开放型经济，提升贸易合作发展质量，更加深度融入共建"一带一路"大格局。为了进一步提升陕西"一带一路"贸易合作实效，本报告建议聚焦贸易大通道畅通、提升开放大平台能级、外向型产业集聚、促进服务贸易质效提升等领域发力。

关键词：　"一带一路"　贸易合作　陕西

一　陕西"一带一路"贸易合作发展思路和成效

（一）发展思路

当前，"一带一路"进入新的发展阶段。2023年10月，习近平主席在第三届"一带一路"国际合作高峰论坛开幕式上，提出我国支持高质量共建"一带一路"八项行动，其中包括要求创建"丝路电商"合作先行区，同更多国家商签自由贸易协定、投资保护协定；全面取消制造业领域外资准

---

* 高云艳，陕西省社会科学院金融研究所助理研究员，研究方向为区域金融和"一带一路"；王晓娟，陕西省社会科学院金融研究所副研究员，研究方向为地方金融。

入限制措施；主动对照国际高标准经贸规则，深入推进跨境服务贸易和投资高水平开放，扩大数字产品等市场准入，深化国有企业、数字经济、知识产权、政府采购等领域改革；要求每年举办"全球数字贸易博览会"；等等，将在国家层面强力驱动"一带一路"贸易合作高质量发展。陕西省深入贯彻落实习近平总书记关于共建"一带一路"重要论述和来陕考察重要讲话重要指示精神，更加深度融入共建"一带一路"大格局，发展重点聚焦贸易合作提质量、制度开放优平台、双向联通畅通道。

（二）发展成效

自 2013 年以来，陕西与"一带一路"国家贸易合作加速推进，规模不断扩大。2020~2022 年，陕西省对"一带一路"进出口额从 630.4 亿元增加到 1128.93 亿元，年均增长 31.4%，占全省进出口总值的比重从 16.7%提高到了 23.3%。根据统计数据，2023 年 1~8 月，陕西对共建"一带一路"国家和地区进出口总额达 833.98 亿元，同比增长 26.2%，奋力谱写共建"一带一路"贸易合作陕西新篇章。①

1. 创建高级别国际经贸交流合作平台，贸易合作进一步深化

截至 2023 年 10 月底，陕西成功举办中国—中亚峰会、中国—中亚民间友好论坛、亚洲文化遗产保护联盟大会、"一带一路"媒体合作论坛等重大外事活动，举办第 30 届杨凌农高会、2023 欧亚经济论坛等多场重要国际会议，第七届丝博会于 11 月召开，服务"一带一路"贸易合作发展。首届中国—中亚峰会期间，主办"中亚云品"特色电商直播活动 16 场，配合乌兹别克斯坦举办了商务论坛、企业家圆桌会等重要活动，推动双方企业深化双向投资、增进贸易合作。持续放大中国—中亚峰会效应，17 项涉陕成果有序推进。

2. 开放平台能级提升，支撑新发展格局

陕西自贸试验区稳步扩大制度型开放，与"一带一路"国家和地区开

---

① 数据来源于陕西省发改委。

展一系列创新实践，累计形成创新案例 792 项，36 项改革创新成果在全国得到复制推广，不断提升投资贸易自由化便利化水平。依托最高法第二国际商事法庭、第六巡回法庭，司法部"三中心一基地"等重要平台，推进"一带一路"国际商事法律服务示范区建设，为对外经贸合作提供高质量的法律服务保障。全面落实外资准入前国民待遇加负面清单管理制度，完善国际贸易"单一窗口"功能，设立 RCEP 企业服务中心，先后建成贸易金融、跨境电商等 20 余个功能性平台，吸引法国达能等一大批外资企业落户；推动秦创原创新驱动平台和自贸试验区相互赋能，在全球设立 22 个离岸创新中心等平台，"科创自贸"建设能级不断提升，"农业自贸"示范作用不断强化。综合保税区和经开区实现突破式发展，2022 年陕西省级以上开发区生产总值、进出口额和实际使用外资分别占全省的 42.5%、85.9% 和 28.9%。① 全国唯一以农业产业为特色的杨凌综合保税区封关运行，西安高新综合保税区资源优化整合顺利推进，西安综合保税区与西安铁路口岸一体化建设基本完成，7 个综合保税区进出口占全省比重持续保持在 60% 左右。② 第五航权客货运航线、保税航油业务相继开通，陆路启运港退税政策试点落地西安国际港务区，跨境电商综试区建设稳步推进，开通中老铁路国际货运列车和长安号跨境电商菜鸟专列，2022 年西安国际港务区开行跨境电商专列 198 列，跨境电商交易额达 35.1 亿元，同比增长约 40.4%。③

3. 金融优化创新，质效双升，服务贸易合作能力增强

陕西省金融市场主体不断发展和完善。目前，全国 12 家股份制银行全部完成在陕西布局，先后推动国家开发银行西安数据中心及开发测试基地等金融央企功能性总部落户陕西。精准对接"一带一路"互联互通，稳步推进跨境人民币使用，提升贸易便利化。截至 2023 年 9 月末，陕西与 111 个共建"一带一路"国家和地区累计发生人民币跨境收付 2021.18 亿元，占

① 《陕西：开放活力打开发展新天地》，《陕西日报》2023 年 9 月 28 日。
② 《陕西深度融入共建"一带一路"大格局全面开放新优势加快形成》，央广网，2023 年 10 月 11 日。
③ 《2022 年中欧班列长安号开行量首次突破 4600 列》，《陕西日报》2023 年 1 月 6 日。

全省跨境人民币收付总额的 39.52%。① 金融资源和产品优化创新，不断提升服务水平。创新推出"中欧班列贷"、自贸港商票"运单融资"等产品，创新设立跨境人民币优质企业"白名单"，积极开展资本项目收入支付便利化、贸易外汇收支便利化和跨境金融区块链服务平台试点，稳妥推进本外币合一银行结算账户体系试点，"通丝路"——跨境电子商务人民币业务服务平台成功接入 CIPS（人民币跨境支付系统）标准收发器。② 聚焦国际产能合作重点产业链企业融资需求，设立"首贷服务中心"，扩展陕西省金融服务云平台建设功能，提升"一带一路"金融数字化服务水平。推出纯线上、纯信用、低利率的中欧班列专属运费融资创新产品"跨境快贷—运费贷"等。

4. 试点深化开放，服务贸易合作水平稳步提升

服务贸易是国际贸易的重要组成部分，是国际经贸合作的重要领域。陕西省重点推进西安市、西咸新区服务贸易创新发展试点深化开放，积极培育一批服务贸易重点企业、品牌和产业集群。下达专项资金支持陕西省 18 家服务贸易重点企业和园区发展，提升了陕西省服务贸易发展水平，深度融入共建"一带一路"大格局。2023 年 10 月，陕西省选出涵盖文化贸易、金融服务、法律服务、知识产权服务、地理信息服务、维护和维修服务、国际园区合作等多个领域的 12 个最佳实践案例，包括"图书版权贸易发展新模式""将跨境人民币结算嵌入国际贸易全流程推动跨境贸易保稳提质""打造国际化知识产权服务体系""打造航空维修服务聚集区""构建文化贸易出海新通道""打造服务贸易特色国际合作园区""一个平台两个渠道探索数字经济出海新模式"等，服务贸易试点成果示范效应逐步显现，以高质量共建"一带一路"为重点，深化对外交流与合作，推动国内外有机联动

---

① 《陕西省人民政府新闻办公室举办新闻发布会介绍丝绸之路金融中心建设情况》，省人民政府新闻办公室，2023 年 10 月 19 日。

② 《陕西省人民政府新闻办公室举办新闻发布会介绍陕西省推进"一带一路"建设的总体情况　共建"一带一路"倡议十周年系列发布会（第一场）》，http：//www. shaanxi. gov. cn/szf/xwfbh/202310/t20231010_ 2303020. html。

的服务贸易促进体系建立。如"一带一路"国际商事法律服务示范区,为企业跨境贸易与投资合作提供有力的法律服务。

二 陕西"一带一路"贸易合作发展面临的问题

(一)国际环境加大贸易合作挑战性

国际环境更趋复杂严峻,经济下行压力加大。地缘冲突加剧,国际产业链供应链运行不畅,世界经济复苏脆弱乏力,中国外贸发展环境的复杂性、严峻性、不确定性上升,贸易合作环境面临巨大挑战。同时,RCEP 也引发规则治理、区域竞争等新挑战。

(二)开放平台的制度开放和相互赋能亟须强化

当前,"一带一路"贸易合作对共建省市的对外开放提出更高要求,以自贸区为引领的各类开放平台的制度开放和能级提升成为重中之重。目前,平台建设虽然取得一定成效,但是还存在制度创新集成性不高、示范引领作用不明显、缺乏地方特色的创新成果等问题。各类平台的深度融合和相互赋能有待强化。

(三)贸易合作的产业优势有待强化

当前形势下,培育外贸新业态新模式和新增长点成为促进贸易合作的重要抓手。跨境电商综试区、特色服务出口基地需要数量与质量双提升;服务贸易改革力度、创新能力、发展动力仍显不足。虽然服务贸易创新发展政策举措逐步完善,但试点地区仍存在同质竞争明显、重点领域不突出等问题。

(四)通道的开放与顺畅有待持续巩固提升

贸易通道建设取得一定成效,但是还存在一定的问题。部分传统通道受阻,新通道支撑力不足;境外运价不断上涨,国际金融风险加大,国际结算不畅等。如中欧班列自身建设存在发展局限，重复布局造成城市恶性竞争、商品缺乏特色，等等。

三 陕西"一带一路"贸易合作发展对策与建议

（一）对标 RCEP 国际经贸规则，推进开放平台能效持续升级

坚持复制也是创新理念，推进创新案例复制推广，持续推进平台能效升级。同时，加强平台合作，实现共赢，如黄河流域自贸区联盟，在推进产业合作、协同发展方面取得良好成效；促进各类平台深度融合，协同发展。进一步推进自贸区功能区与自贸区协同创新区在平台、产业、项目、人才等方面交流合作的深化，实现创新协同、产业协同、政策协同；进一步优化提升口岸和综合保税区功能，探索从布局、管理、政策、产业、创新等方面推动海关特殊监管区与自贸区统筹发展，实现开放平台融合发展。

（二）以新模式新业态为发展重点，构建"一带一路"贸易合作新优势

建议支持沿线省市以"区中园""园中园"等形式打造贸易新业态聚集区、构建新业态生态圈，带动区内传统企业利用新业态新模式实现转型升级；支持创新赋能、数字赋能，发展服务贸易，加快服务贸易的数字化转型，形成国际竞争新优势。增设服务贸易创新发展示范区，积极发展市场采购贸易方式试点，优化海外仓布局，促进贸易合作。另外，尽快出台相关措施，加快发展绿色贸易、数字贸易。

（三）持续推进西安中欧班列集结中心建设及与西部陆海新通道的深度融合，保障贸易畅通

中欧班列在构建全天候、大运量、绿色低碳、畅通安全的国际物流通

道，维护国际产业链供应链安全稳定上发挥了积极作用。高标准建设中欧班列集结中心。进一步优化政策体系，促进班列与省内各类开发区和产业园区对接。建设跨境电商全国集结中心和进口贸易创新促进示范区，加密跨境电商专列开行频次，努力培育壮大国际合作和竞争新优势。深度融入西部陆海新通道，加强对接联通。

2023年陕西"一带一路"国际产能合作发展报告

谢晋 杨琳 周宾*

摘　要： 陕西建设国际产能合作中心成绩斐然。本报告通过对陕汽集团、陕西帝亚、陕建集团等企业"走出去"情况进行梳理，总结各自发展的成果以及对未来发展的规划；通过对省内中欧合作产业园、中俄丝路创新园建设运营情况的分析，强调了产业园区对于国际产能合作的重要性。但现阶段，国际产能合作还面临着各国营商环境参差不齐、贸易保护主义抬头，国际产能合作层次不高、深度不够，各国产业技术标准兼容性低等问题。本报告提出了完善合作机制，加强国际产能合作的金融、法律等综合服务保障，推动绿色丝路建设等对策建议。

关键词： "一带一路"建设　国际产能合作　产业园区　陕西

作为合作共建"一带一路"的重要方式，我国秉持着共商、共建、共享的原则积极参与国际产能合作，不仅有效推动了我国产业高水平的对外开放，也助力共建"一带一路"国家和地区经济社会的发展。

国际产能合作不仅仅是简单地将商品出口到国外，而是将产业整体输出到不同的国家和地区，使其建立起更完善的基础设施和工业制造体系，是一种更高层次的产业输出。"一带一路"国际产能合作的开端是在 2014 年 12

---

* 谢晋，陕西省社会科学院金融研究所助理研究员，研究方向为农村金融；杨琳，博士，陕西省社会科学院金融研究所副研究员，研究方向为区域经济和科技金融；周宾，博士，陕西省社会科学院生态文明研究中心研究员，研究方向为循环经济与可持续金融。

月，时任国务院总理李克强访问哈萨克斯坦时，就中哈在装备制造、玻璃、水泥等领域与哈萨克斯坦总统纳扎尔巴耶夫、总理马西莫夫达成的加强产能合作共识，并把产能合作定为下一阶段深化中哈合作的重点内容。之后，在2015年5月，国务院印发了《关于推进国际产能和装备制造合作的指导意见》（国发〔2015〕30号），进一步指明了在推进国际产能合作方面的基本原则、任务目标和具体措施，这是我国开展国际产能合作的指导性文件。

陕西建设国际产能合作中心成绩斐然，不仅省内陕汽集团、陕西帝亚、陕建集团等企业"走出去"成果显著，而且省内中欧合作产业园、中俄丝路创新园成为产能合作的重要平台。2013~2022年这十年间，陕西非金融类对外直接投资额达50.41亿美元，其中对共建"一带一路"国家和地区直接投资额达12.4亿美元；全省对外承包工程完成营业额258.18亿美元，其中共建"一带一路"国家和地区营业额157.7亿美元，占比达48.7%。[①]

一 陕西建设国际产能中心的政策支持

2015~2020年，陕西省人民政府办公厅连续六年印发"一带一路"建设行动计划，分别对年度国际产能合作重点内容和具体措施提出了明确的行动计划，具体如表1所示。可以看出，陕西参与国际产能合作重点任务从2015年启动重点项目库建设，2016~2019年这四年持续发力着力构建国际产能合作中心，2020年便开始推进国际产能合作中心深化拓展，标志着陕西国际产能合作中心建设进入新的阶段。

表1 2015~2020年陕西关于"一带一路"建设行动计划的主要内容

年份	产能合作重点	具体措施
2015	启动重点项目库建设	①建立"一带一路"重大项目动态储备库和重点支持企业清单；②筛选基础设施、产业、能源合作等领域重点项目；③争取纳入国家规划项目清单

① 《十年蝶变 陕西谱写"一带一路"建设新篇章》，《证券时报》2023年9月7日。

年份	产能合作重点	具体措施
2016	着力构建国际产能合作中心	加快"海外陕西"建设 推进国际合作园区建设 强化技术服务合作
2017	着力构建国际产能合作中心	加强与重点国家和地区经贸合作 加快国际合作产业园建设 支持优势企业开拓海外市场
2018	着力构建国际产能合作中心	加快国际合作产业园建设 支持优势企业开拓海外市场 加强战略对接与产业衔接合作
2019	着力构建国际产能合作中心	鼓励省内各级开发区建设国际产业合作园区 推动重点项目 在共建"一带一路"国家和地区新增1~2个"海外仓"或陕西商品展示中心 研究制定陕西省境外经贸合作区建设标准,编制境外投资合作指南 抓好重大项目推进
2020	推进国际产能合作中心深化拓展	持续建好境内国际合作园区 积极稳妥推进境外经贸合作区建设 有序推进国际合作重点项目建设

资料来源：整理自陕西省人民政府网站。

2021年11月，陕西省人民政府办公厅印发《"十四五"深度融入共建"一带一路"大格局、建设内陆开放高地规划》，强调在"十四五"期间，加快构建开放型现代产业体系，提升国际产能合作中心发展水平。同时，2021~2022年陕西省推进"一带一路"建设工作领导小组办公室详细制定了年度工作要点，对扎实推进国际产能合作中心有序发展做出了详细工作方案。

二　陕西企业国际产能合作现状

迎着"一带一路"倡议的东风，陕西企业高水平"走出去"参与国际产能合作，激发了新的发展动能，构建了新的开放型产业体系。

（一）陕汽集团

近年来，陕汽集团（简称陕汽）牢牢抓住共建"一带一路"机遇期，充分整合利用国际市场的渠道资源优势，大力推进全球生产营销网络布局。陕汽人牢记 2020 年习近平总书记考察时的殷殷嘱托，不断在业态、技术、产品上创新，企业发展迈向新台阶。2022 年，陕汽出口再创佳绩，订单量较 2021 年增长 85.51%，实销增长了 79.59%，市场份额不断扩大。

2023 年陕汽进一步完善国际市场营销网络，全球化、标准化的服务体系逐步建成。陕汽海外品牌——SHACMAN 重卡已销往全球 140 余个国家和地区，覆盖共建"一带一路"国家和地区 110 余个，海外市场保有量超过 23 万辆。与之相匹配的，陕汽已经在海外设立了 40 家办事机构，拥有一级经销商近 200 家、海外服务网点超 380 个、海外配件中心库 40 余个，以及配件专营门店 100 余个，并有超 110 位常驻海外的服务工程师，累计在南非、墨西哥等 15 个国家实现本地化生产，为当地基础设施建设和汽车工业发展增添新动能。[①]

中亚五国一直是陕汽的传统优势市场，陕汽在其市场占有率居中国重卡品牌首位。陕汽不仅继续保持在自卸车方面的市场领先优势，而且加大了对公路用车的市场开发力度，基本形成了以自卸车为主，牵引车销量不断提升，载货车、专用车提供增量的产品结构。同时，陕汽的产品逐步向高端化发展，产品竞争力逐步增强，高端产品 X3000、X5000、X6000 的销量飙升。同时，陕汽通过对当地市场调研，推出了康明斯发动机、液力缓速器等高端配置，逐步打造差异化竞争优势，为下一步陕汽重卡突破欧美高端用户市场打下了坚实基础。以塔吉克斯坦为例，2010 年，陕汽在塔吉克斯坦进口重卡中的市场份额占比仅为 20%，且只有一些常规车型。经过多年的销售渠道和网络的下沉，陕汽重卡在塔吉克斯坦的市场份额占比已提升到 80% 左右，且

---

① 《陕西汽车：十年海外市场布局"步履不停"，深度参与共建"一带一路"》，https://www.cls.cn/detail/1474004，最后检索时间：2023 年 9 月 28 日。

都是高端车型。

2023 年，陕汽第一批 KD 批量订单发往了中亚地区，11 月 1 个占地超 7500m² 的集销售、服务于一体的中心也将建成。未来，陕汽将以危化品运输、城际物流等商用车为主要发力点，计划在两年内向建筑运输、矿业开采市场进军，形成"一个中心，多个增量市场"的中亚地区市场布局，更加积极地融入共建"一带一路"。

（二）陕西帝亚

2023 年 7 月 21 日上午，渭南首批整车出口越南发车仪式在陕西帝亚新能源汽车有限公司隆重举办。2023 年陕西帝亚抓住新能源电动车出口的黄金期，与海外知名企业合作拓展国际新能源车市场，且已经在越南、马来西亚、中亚五国、中北美等国家和地区打开了市场，取得了初步的成效。此次量产车的出口和对海外市场不懈的开拓，也将一定程度上带动渭南新能源汽车产业链新发展。

通过对发展中国家技术设施建设、经济发展水平和使用需求度等多方面的考察调研，陕西帝亚推出以中短途出行为卖点的产品，更加贴合当地的现状，可以迅速打开市场。针对欧洲和北美等经济发达地区客户，陕西帝亚凭借独特的优势，从车型设计和客户体验入手，为目标客户群体提供新能源车产品，走出了一条差异化发展道路。

2023 年陕西帝亚积极启动海外战略，已经取得了不菲成绩。一是海外订单增长迅速。已经在全球范围开展了广泛的经销商接触，在战略规划的重点区域有了实质性的进展。截至 7 月底，已经在东盟、中亚、中南美洲等地区获得初步订单共计 16.1 万台，这些订单将于 2023～2027 年陆续分批交付。二是 CKD 合作当地国落地。在东盟方面和中亚方面，在整车出口的同时，也深入探讨 CKD 合作。双方将利用当地合作方的 CKD 工厂税收优惠和政府支持政策，更加深度切入当地市场。三是逐步探索新能源车生态建设。与知名国际产业资本合作，开发包括越南、加勒比海岛在内的全球换电生态业务，建立太阳能"充储一体化"系统，打通绿色共享换电出行，开启新能源汽车生态建设的模式探索。四是国家级合作开启。2023 年 6 月，吉尔吉斯斯坦副总理特意视察了陕西帝亚，详细了解陕西帝亚的产销研并亲自试驾车辆，并提出在吉尔吉斯斯坦落地建厂的邀请，且指派专人跟踪督办。

关于未来远景的规划。陕西帝亚将施行以东盟市场先行的产品出口战略，积极推动区域内新能源产业链的不断完善。与此同时，出口越南只是全球化的起点，后续将围绕规划布局中的"一带一路"覆盖区域、重点发展区域有续推进。已在渭南形成涵盖整车制造、关键零部件配套、市场应用服务等的较为完整的产业链。意味着陕西帝亚为渭南首家本地新能源车厂家，抢抓新能源汽车产业发展"黄金赛道"，迈出了开拓东南亚市场的第一步，实现了"一带一路"发展的初步构想，也开启了渭南地区新能源汽车出口海外的新征程。

（三）陕西建工集团

随着"一带一路"倡议的发起，陕西建工集团（简称陕建）近年来大踏步走出国门，已在 32 个国家和地区设立了属地经营机构，在"一带一路"国家和地区建设约 550 个项目，25 个项目正在火热建设中。

从参建赤道几内亚城市污水管网、承包加纳共和国成品油储运站，到完工安哥拉新罗安达国际机场供油安装工程等，陕建打造的"华山国际"品牌，经营区域遍及非洲、中东、中亚、东南亚和南太平洋，业务范围遍及全球，建成了一大批海外精品工程。

2023 年 3 月，由华山国际参建的乌兹别克斯坦布斯坦灌溉渠修复项目 1 标段工程顺利完工通水，帮助当地老百姓在最短时间内解决了灌溉用水难题，有效改善了乌兹别克斯坦南艾里卡拉、贝鲁尼和图尔特库尔 3 个地区共 10 万公顷农田的灌溉问题。该项目全长 35.2 公里，是乌兹别克斯坦西部地区规模较大的农业灌溉项目。项目建成后灌溉效率大大提高，每年可节约水资源 2.62 亿方，节省能源和运营费用 690 万美元，提高灌溉效率约 60%。2019 年进场施工时，仅用时一个多月就顺利完成了现场复测和拌和站的选址、建设等工作，国内采购的第一批设备也快速进场开始施工，这种高效快捷的工作作风，受到了当地政府和项目监理单位的一致好评。在施工过程中，该项目还首次在乌兹别克斯坦使用了国内生产的混凝土衬砌机，为保证设备尽快平稳投入工程，项目组积极对接当地员工，对其进行了设备操作培训，使当地员工积累了施工经验。同时，由于项目建设过程中实施精细化管理，对施工现场物资进行了更加有效的管控，项目的施工日常消耗比清单额低了10%左右，创造了良好的经济效益。

陕建参建的安哥拉内图博士国际机场项目，从2017年7月开始施工建设，计划于2023年11月竣工。截至8月初，机场跑道也施工完成，初步满足了飞机的滑行起降，气象雷达站、航管雷达站也已经施工完毕，航站楼正在进行吊顶施工。由于安哥拉当地施工设备缺乏，为使项目材料能够及时运至施工现场，项目团队提前统计在当地可以采购的物资材料种类、价格、供货周期，再结合海外施工经验，按工程进度提前两个月让当地物资到场，从国内采购的大型设备、工机具、水电暖材料等也建立了供应商库，从各个环节严格把控项目施工进度，确保项目顺利按时完工。内图博士国际机场项目是安哥拉的国家重点项目，项目完成部分得到安哥拉政府高度认可。这是陕建积极融入"一带一路"建设的一个缩影。

陕建紧紧抓住"一带一路"建设带来的新机遇，坚定实施"大海外"战略，积极在共建"一带一路"国家和地区寻求发展机会。同时，依托综合建筑服务企业的全产业链优势，为客户提供项目一站式服务，订单含金量逐年提升。

（四）陕鼓集团

2023年陕鼓集团（简称陕鼓）海外项目建设捷报频传。陕鼓在土耳其、马来西亚、俄罗斯的项目陆续投产。

陕鼓在土耳其的大型高炉工程项目，是土耳其国内最大的高炉之一，陕鼓为其提供大型轴流压缩机、EKOL汽轮机等绿色动力设备及系统解决方案等相关服务，这也是陕鼓EKOL汽轮机首次进入土耳其市场。自2021年7月项目签约以来，为满足特大型高炉配套装置的安装技术要求，项目团队量身定制了专业详细的安装调试方案,面对当地疫情、夏季高温等问题,积极协调物资供应,在做好安全防护的前提下合理安排工程进度,安全高效地满足了客户需求,确保项目按期完工投产。

近年来,陕鼓加强与共建"一带一路"合作伙伴在市场、资源方面的战略合作,为全球客户提供"1+7"智慧绿色系统解决方案,其中"1"代表着分布式能源系统解决方案,这是陕鼓产业链的主轴,围绕的是设备、EPC、服务、运营等7大增值服务,助力全球客户绿色低碳发展。陕鼓的主要经营指标呈高速增长态势,人均主要指标与国际同行基本持平甚至更高,人均绩效水平连续多年在全行业名列榜首。2022年,陕鼓销售合同增长超过50%,营业收入突破300亿元,主要经营指标创历史之最。2023年已在全球布局28个海外公司和服务机构、37个运营工厂。陕鼓节能环保产品、智慧绿色系统解决方案和系统服务覆盖俄罗斯、印度尼西亚、菲律宾、土耳其、印度、越南等100余个国家和地区,国际市场竞争力和影响力显著提升。

陕鼓坚持创新,开发的"能源互联岛"智慧绿色技术和方案荣获了第六届中国工业大奖,成功使印度尼西亚苏拉威西工业园区成为全球行业内万元产值能耗最低、排放最少的智能制造园区,使园区内水、电、余热等资源实现循环利用,大幅提高了园区内资源利用率,有效降低了客户的生产成本,实现效益最大化,助力该工业园区创建世界领先的节能标杆园区。

随着陕鼓在亚洲、欧洲等地区冶金、石油、化工等领域的诸多项目陆续建成,"陕鼓方案"在"一带一路"建设上成果日益丰硕。陕鼓以智慧绿色方案聚焦海外客户需求,也让高质量共建"一带一路"的绿色底色更加鲜明。

(五)隆基绿能

近年来,隆基绿能(简称隆基)加快在共建"一带一路"国家和地区布局,先后在马来西亚、越南等共建"一带一路"国家和地区投资建厂,成长为全球最大的单晶硅生产制造商。2022年中亚五国1/3光伏项目的核心设备由隆基提供,隆基光伏组件已搭乘长安号专列出口至欧洲荷兰、德国、比利时等国家和地区，2023 年 8 月 22 日，隆基首批 20MW 光伏组件搭乘中欧班列长安号如期抵达乌兹别克斯坦首都塔什干。作为中国企业海外投资的最大光伏项目，两座 500MW 太阳能光伏电站将全部采用隆基最新产品 Hi-MO7 光伏组件，分别在乌兹别克斯坦的卡什卡达里亚州和布哈拉州建设。项目建成后，预计年发电量将达到 24 亿千瓦时，年减少天然气消耗约 5.88 亿立方米，有效助力乌兹别克斯坦绿色能源发展。该项目采用的是隆基 2023 年 5 月在上海 SNEC 展上发布的最新的 Hi-MO7 组件——面向集中式太阳能市场推出的新一代高效光伏组件，采用了基于隆基的 N 型硅片 HPDC 电池技术，应用了最新的焊接工艺，在保持标准组件尺寸不变基础上功率提高到 580 瓦，组件效率达到 22.5%，特别适用于地表反射率高、环境温度高的沙漠戈壁地区，比主流的双面组件发电增益高 3% 左右。同时，对硅片品质的优化、电池和封装组件工艺的提升，可确保年发电组件线性功率年衰减不超过 0.38%，有效保证了长期收益。

隆基在乌兹别克斯坦深耕多年，之前就参与了乌兹别克斯坦税务局大楼、阿尔马雷克矿山冶金联合体、乌兹别克斯坦国立世界语言大学等多个政府主导项目光伏项目。2023 年 2 月，隆基与乌兹别克斯坦签署 3 份 MOU 合作协议，未来也将深入参与其绿色能源转型。在全球能源转型的大浪潮下，隆基持续创新产品与服务，致力于让全球更多的人能享受清洁能源。

三 陕西国际产能合作园区发展现状

国际产能合作园区作为国际化贸易与产业集聚区，是陕西深度参与"一带一路"产业合作的重要抓手，可以更好帮助企业精准对接国际客户，拓展海外业务。作为国际产能合作的重要平台，产业合作园区将成为产业高质量发展的新高地。

（一）中欧合作产业园

中欧合作产业园作为陕西着力建设"一带一路"产业合作中心的重要

平台，总投资7.8亿元，占地面积68亩，总建筑面积14.38万平方米，计划招引企业200余家，已于2023年8月底正式开始运营。产业园分为三大功能相互配合的板块，1号楼为智能制造的厂房，2号楼为办公区和企业孵化中心，3号到9号楼是研发生产、工业厂房，既有满足企业研发办公生产一体化的多层厂房，又有可完全布置生产线的高层厂房，可满足企业多样化的需求。

中欧合作产业园将以高标准全力打造聚焦高端机器人研发制造、智能化制造的全新制造工厂，重点引进欧洲与国内智能智造领域的行业冠军企业，吸引和培育国内拥有尖端技术的中小制造企业，同时积极发展大数据、科技服务等配套服务产业，建设融研发、孵化、智能制造和科技服务为一体的产业统合体，加速陕西创新链、产业链、服务链融合。

经开区的博世力士乐工厂，是其在中国最主要的自动化产品生产基地。正是看到了中欧合作产业园的区位及辐射效应，博世力士乐就已经早早决定入驻园区。入驻后的博世力士乐将在园区推广工业4.0的应用，服务整个区域智能制造相关技术、设备的研发与推广，为周边企业提供智能制造相关的咨询、规划以及产品线实施等综合服务，还可以对智能制造人才进行培训，带动整个区域智能制造生态的建立和产业链的协同发展，助力西安乃至整个西北地区快步进入工业4.0时代。

此外，中欧合作产业园还为解决中小微企业生产厂房、设备等困难提出了"共享工厂"的规划，为入驻的中小微企业提供沟通产业链上下游、盘活现有资源等全方位、高效能的园区服务。园区还将为企业提供产品展示中心、新品发布厅，打破中小企业产品宣传壁垒，并有专设机构帮助企业进行工商、税务手续办理，帮助企业招聘急需的技术和管理人才，后期还将以搭建展销平台、举办技术论坛等方式让更多企业走进园区，为企业提供与之对接合作的机会。

中欧合作产业园的宗旨就是将企业的手脚全部解放出来，让它们安心做研发、孵化，加速企业的成长，努力将产业园打造成为中西部地区国际合作的示范园区。

（二）中俄丝路创新园

中俄丝路创新园作为两国政府战略层面的重点合作项目之一，是中俄两国深度合作打造的重要的产能合作平台。在中俄丝路创新园一批企业和项目的助推下，2022 年，陕西对俄罗斯贸易进出口总额超过了 160 亿元。

2014 年 10 月，在两国签署合作备忘录之后，中俄丝路创新园按照"一园两地、两地并重"的原则同时建设，中方园区选定在西咸新区沣东新城，并于 2018 年开园。

经过多年的发展，中俄丝路创新园取得长足的发展，面向俄罗斯等共建"一带一路"国家，吸引了大批高科技领域、商贸领域的企业和项目入驻。其中就包括俄罗斯的奔萨州发展集团、立德集团、Ketch Up 餐饮集团、金苹果集团等 50 余家企业，涵盖了农业、电气设备、食品等多个领域。同时，中俄丝路创新园涵盖科教人文、经贸等诸多项目，有效促进了中俄两国间的科技项目合作，使得陕西成为西部地区与俄罗斯开展科技合作的前沿阵地。这种"一园两地"的模式探索也为共建"一带一路"提供了有效示范，意义深远。

2023 年 6 月在沣东举办的第五届中俄（工业）创新大赛中，中俄企业在机械、电力设备、电子器件等领域进出口开展合作，现场和线上各签署了战略合作协议 3 份，俄方园区招商入园企业 30 余家，其中陕西企业就有 21 家。

四　陕西参与国际产能合作面临的问题

（一）营商环境参差不齐，贸易保护主义抬头

共建"一带一路"国家和地区经济社会发展水平差异大，营商环境也有明显差距。部分发展中国家存在营商法制不健全、行政办事随意性强等问题，不能有效促进国际产能合作。加之，部分国家还面临战争和政治动乱风险，这对陕西企业与之开展产能合作构成了严峻挑战。此外，世界经济在疫情之后复苏缓慢，各国贸易保护主义有抬头趋势。3 月以来，美欧金融机构

相继爆雷；9月，欧盟启动对中国电动车的反补贴调查，印度也于9月底对我国出口的三氯异氰尿酸、软磁铁氧体磁芯、滚子链、玻璃纸薄膜、紧固件、无框玻璃镜等化学原材料、工业用零部件产品开展反倾销调查。这些都对陕西企业"走出去"，开展国际产能合作构成重大风险。

（二）产能合作层次不高，深度不够

陕西面向共建"一带一路"国家和地区输出的产能主要偏向于基础设施、能源矿产、交通、农业等劳动密集型领域，大多数处于价值链的中低端位置。像隆基、陕鼓动力这样的在全球范围内有竞争力的企业太少，一方面是由于部分共建国家和地区经济发展水平落后于我国，本身的产能需求就不足；另一方面，陕西企业对于各国市场培育力度也有待加大。另外，陕西与各国产能合作深度不够，产能合作园区企业集聚效应和示范效应不明显，产业链中还未形成互惠互利的良性循环，合作共赢的框架还未建立，导致企业开拓市场难度较大，部分企业"出海"意愿不强烈。

（三）产业技术标准兼容性低

共建"一带一路"国家和地区由于历史、经济发展水平等原因，采用的产业技术标准也是差异比较大。部分经济基础较好的国家采用本国的技术标准体系，部分采用的是美标、欧标或者英标等发达国家标准，还有部分国家则采用国际通用标准与本国标准相结合。我国的技术标准体系在国际上还未得到广泛认可，价值与标准体系相匹配的技术咨询服务也没能同步出海，所以企业参与国际产能合作所要承担的隐性成本比较高。

（四）金融市场欠发达，企业融资约束大

共建"一带一路"国家中部分金融市场发展不充分，产业项目融资以政策性金融为主，社会资本参与度不高，造成项目融资渠道受限，而陕西企业参与的大多为重投资项目；加之，政策性金融主要针对的是政府重点支持的基础性行业，且存在融资规模小、资金门槛高等特点，都在一定程度上制

约了产能合作。从省内金融机构来看，银行业以及其他金融机构发展"外保外贷"和"外保内贷"等业务缓慢，导致境外子公司很难借助国内子公司的信用获得银行贷款，也部分抑制了陕西企业对共建"一带一路"国家和地区产能合作项目的投资。

五 陕西参与国际产能合作的对策建议

（一）做好统筹规划，完善合作机制

首先，充分扩大产业园对国际产能合作的推动作用，应以更加完善的顶层设计引领"一带一路"产能合作，更好利用中俄丝路创新园"一园两地、两地并重"模式，在省内及对口国家建设"两地并重"的产业园，为双方产能合作共同创造良好基础。其次，在《陕西省标准联通共建"一带一路"行动计划（2018—2020 年）》的基础上，进一步开展与共建国家和地区的产业技术标准联通协调工作，分析研究共建国家在装备制造、工程建设、电力设备等领域的标准实施情况，促进相关企业与共建国家的标准相互认定工作，助力陕西企业更方便快捷地参与国际产能合作。

（二）加强国际产能合作的金融、法律等综合服务保障

鼓励省内商业银行等金融机构创新金融产品，充分利用人民币国际化政策，针对在共建"一带一路"国家和地区开展产业投资的省内企业开发境外保函、内保直贷等金融产品，助力陕西企业更好参与国际产能合作。鼓励省内行业协会、律师事务所、会计师事务所积极开展涉外行业信息、法律、财务、税务相关领域的服务，帮助企业更好地实施境外投资管理、投资决策咨询、信息情报收集、法律保障等服务。

（三）发挥陕西优势，推动绿色丝绸之路建设

依托隆基、陕鼓等企业的技术资源优势，在共建"一带一路"国家和

地区推动绿色丝绸之路建设。"绿色复苏"越来越得到各国政府、企业和国际机构的认可和支持，许多国家都规划和制定了新建清洁能源项目和制造业绿色转型计划，陕西企业可凭借技术优势积极开拓市场，与共建国家、企业和国际机构合作开展绿色新兴产业联合研究，共同促进当地绿色技术开发、绿色产品的研究和绿色产业体系的培育。另外，鼓励陕西企业在境外建设绿色产业园，在产业园投资建设、招商、运营过程中充分利用绿色技术，打造环境友好型园区标杆，以此支撑陕西企业在海外的"集群式"发展。

B.6

2023年陕西"一带一路"金融合作发展报告

邓国华 杨琳 陈姝亦*

摘 要: 本报告在全面梳理 2023 年陕西与共建"一带一路"国家和地区金融合作现状的基础上,深入分析金融合作所面临的主要问题和挑战,从提升金融机构跨境综合服务能力、拓展合作领域和业务范围、提高项目评估水平、推进跨境监管和征信合作等维度提出对策和建议,并展望了未来多边合作的方向。

关键词: "一带一路" 金融合作 陕西

2013 年 9 月和 10 月,习近平总书记在出访中亚和东南亚国家期间,先后提出共建"丝绸之路经济带"和"21 世纪海上丝绸之路"(简称"一带一路")的重大倡议,以政策沟通、设施联通、贸易畅通、资金融通、民心相通"五通"为重点,加强各国文明交流互鉴,共同打造政治互信、经济融合、文化包容的利益共同体、责任共同体和命运共同体。十年来,全球近 200 个国家和国际组织积极响应和支持,迄今为止,中国签署共建"一带一路"合作文件超 200 份,联合国大会和安理会也多次将"一带一路"建设纳入相关决议,共建"一带一路"逐渐从理念转化为实际行动,成为顺应经济全球化潮流的最为广泛的国际合作平台,更好地造福于世界各国(地区)人民。

共建"一带一路"离不开金融的有力支持。加强"一带一路"金融合

---

* 邓国华,陕西省科技资源统筹中心助理研究员;杨琳,博士,陕西省社会科学院金融研究所副研究员;陈姝亦,中共陕西省委金融委员会办公室主任科员。

作，构建多元化投融资体系，是促进共建"一带一路"国家和地区高质量发展的重要保障。近年来，作为"一带一路"的首倡国和重要参与国，我国主导成立了亚洲基础设施投资银行（AIIB）和金砖国家开发银行（NDB）等多边开发性金融机构，发起设立了人民币海外基金、中哈产能合作基金、中拉产能合作投资基金、中非产能合作基金、中国—欧亚经济合作基金，以及"一带一路"专项长期开发投资基金——丝路基金。2013年至2022年，我国与共建国家的累计双向投资超过3800亿美元，其中对共建国家的直接投资超过2400亿美元，覆盖经济社会发展的多个领域。①"一带一路"金融合作参与主体日趋多元，领域日趋广泛，程度日趋深化，模式日趋成熟。

一　陕西"一带一路"金融合作现状

自"一带一路"倡议提出以来，陕西省委、省政府高度重视，按照"五通"具体要求和"丝绸之路经济带新起点""内陆型改革开放新高地"两大定位，抢抓机遇，迅速行动，推动全省对外大开放大发展，着力推进交通商贸物流中心、国际产能合作中心、科技教育中心、国际文化旅游中心、区域金融中心"五大中心"建设，推动陕西与共建"一带一路"国家和地区建立全方位、多层次合作体系。在金融合作方面，陕西不断拓展金融合作领域，不断深化金融合作层次，不断完善金融合作模式，充分发挥金融支持"一带一路"建设的重要作用，各项工作取得明显成效。

（一）加强"一带一路"金融合作政策支持

1. 成立"一带一路"金融合作推进领导小组

为积极开展"一带一路"金融合作，建立常态化的金融合作推进机制，2015年4月，陕西省政府成立"一带一路"金融合作推进领导小组——负

---

① 《共建"一带一路"十周年：累计双向投资超过3800亿美元》，第一财经，https：//baijiahao. baidu. com/s? id=1779348564815965143&wfv=spider&for=pc，2023年10月10日。

责全省"一带一路"金融对内对外合作的总体设计、重大决策、统筹协调、整体推进和监督落实。

2. 出台丝绸之路金融中心规划

2020年3月,《西安丝绸之路金融中心发展规划》正式发布,提出了建设"具有国际竞争力的丝绸之路金融中心"的目标,明确了建设丝路科技金融高地、丝路要素市场中心、丝路金融人才中心的"一高地两中心"功能定位。同步出台"三年行动计划"共列出了15项重大目标,分别从机构发展、市场建设、业态培育等方面推出了57项具体推进措施,为丝绸之路金融中心发展打基础、建框架、开格局。①

3. 发布"一带一路"金融合作系列政策

一是出台《陕西省高质量项目融资服务工作方案》《关于提升重点产业链金融服务水平的意见》等政策文件,引导和鼓励金融机构加大"一带一路"基础设施、产业投资等领域重点项目资金融通支持力度。二是出台《关于金融支持秦创原创新驱动平台建设的若干措施》《陕西省加强信用信息共享应用促进中小微企业融资三年行动方案(2023—2025年)》《关于开展全省中小微企业融资服务"融畅工程"的通知》等政策文件,加大对"一带一路"科创、中小微企业资金融畅的支持力度。三是系统梳理各项存量金融政策,形成8大类45条的《惠企金融支持政策要点汇编》及涵盖152种金融产品的《金融产品名录》,定期更新并对外发布,不断提升政策的针对性和惠及面。四是制定《金融改革创新组工作职责》《金融改革创新组改革事项清单》,以及2022年、2023年金融支持陕西自贸区建设工作要点,推动本外币合一银行结算账户体系试点、第二批数字人民币试点、合格境外有限合伙人试点;印发《陕西自贸试验区开展合格境外有限合伙人(QFLP)试点暂行办法》《陕西自贸试验区开展合格境外有限合伙人试点工作指引(暂行)》,完善QFLP试点制度体系;支持中欧班列长安号数字金

---

① 《陕西省人民政府新闻办公室举办新闻发布会介绍丝绸之路金融中心建设情况》,http://www.shaanxi.gov.cn/szf/xwfbh/202310/t20231019_2304111.html,最后检索时间:2023年10月3日。

融综合服务平台建设，开展平台框架、功能模块、应用场景设计研究，以金融开放引领"一带一路"建设高质量发展。

（二）构建"一带一路"多元化投融资体系

1. 加速创新资本集聚

印发实施《关于促进私募股权投资行业高质量发展的若干措施》，建立私募股权和创投基金市场主体登记会商机制，畅通准入渠道；举办陕西—京津冀创新资本招商会和各类路演活动，吸引全国创投机构来陕投资、在陕落户；充分发挥各级各类政府引导基金作用，批量设立风投、创投、产投、天使投，省政府引导基金认缴规模达到 43 亿元，设立的 24 只子基金总规模283 亿元、投资金额 58.07 亿元、投资项目 114 个，有效带动社会资本投资272.92 亿元，全生态链的子基金体系初步形成；[①] 国家科技成果转化基金、国家中小企业发展基金在陕西相继设立多只子基金；成立陕西省上市后备企业股权投资基金，总规模达到 10 亿元，通过"领投、跟投"机制，助力省内企业通过上市挂牌或并购重组进入全国性资本市场。

2. 大力推进优质企业上市

印发《陕西省推进企业上市挂牌三年行动计划（2022—2024 年）》，按年度发布省级上市后备企业名单，加大对后备企业倾斜力度，2021 年至2023 年，列入省级上市后备企业名单的企业数量分别达到 300 家、360 家和438 家；抢抓全面注册制机遇，先后举办北交所、深交所、上交所重点上市后备企业座谈会，邀请交易所驻陕基地同志现场辅导企业，推进符合条件企业加快上市（挂牌）。将建设秦创原创新驱动平台作为主攻方向，联合商业银行、担保公司和创投机构合力为科技创新企业提供一揽子金融服务，更好地满足了企业的融资需求。截至 2023 年 6 月底，全省 A 股上市公司达到 84家（含过会），比 2012 年底翻了一番，列全国第 15 位；科创板上市 13 家，

---

① 《【省财政厅】陕西省政府投资引导基金支持重点产业链建设》，http：//www. shaanxi. gov. cn/xw/ldx/bm/202303/t20230331_ 2280618_ wap. html，最后检索时间：2023 年 9 月 19 日。

境外上市公司数量达 40 家；新三板挂牌公司 124 家，全省在审核企业 10 家，在辅导企业 15 家；隆基绿能、易点天下等一批上市公司的快速发展，成为陕西企业加快"走出去"、主动融入共建"一带一路"的亮丽名片。①

3. 稳步提升债权融资水平

举办公司债券融资政策培训会，提升企业债券融资水平，创新发行陕西建工集团"一带一路"标准化可续期债券 2 亿美元。2023 年上半年，陕西企业发行非金融企业债务融资工具 79 只，总金额超 700 亿元人民币。其中，陕西煤业化工集团发行全省最大规模科创票据 30 亿元，有力支持了企业多元化科创融资需求。截至 2023 年 6 月末，陕西省人民币贷款余额超 5 万亿元，同比继续保持两位数增长；上半年新增贷款超 3400 亿元，贷款增量创历史同期新高。②

首创性开展中欧班列长安号产业链相关企业外债便利化额度和"一带一路"对外承包工程企业国内外汇贷款结汇两项试点，帮助企业进一步降低融资成本，拓宽外币融资渠道。截至 2022 年底，两项试点累计办理金额 1106.50 万美元。

（三）推进跨境融资便利化

1. 建设跨境金融区块链服务平台——长安号数字金融综合服务平台

平台不仅为企业提供货柜预定、信息查询等基础服务，还为企业提供舱单融资、运单融资等附加金融服务。平台通过将企业的数据进行"一站式"整合，打破了金融机构与企业之间的信息壁垒，有效提升了金融服务的匹配度，为企业融资、结算、外汇管理等提供了更加有效的支持。截至 2023 年 6 月末，长安号场景吸引入驻企业 47 家，13 家试点银行通过该场景为入驻

① 《陕西上市公司高质量发展报告发布》，https：//finance. eastmoney. com/a/20230925 2857422621. html，最后检索时间：2023 年 9 月 19 日。
② 《2023 年上半年陕西省货币信贷政策执行精准有力支持经济高质量发展成效明显》，https：// business. sohu. com/a/709397429_ 1216097741，最后检索时间：2023 年 9 月 19 日。

企业提供资金支持 103.03 亿元人民币。[①]

2. 打造 B2B 贸易综合服务平台——"通丝路"平台

平台以人民币跨境结算业务为核心，依托中国银行在共建"一带一路"国家的代理行，为中小微出口企业提供贴现、贷款等多种金融服务；同时，平台集成了报关、商检等服务，还有专门的商品展示、企业介绍页面，为陕西企业"走出去"提供了一揽子解决方案。平台的创新实践荣获多项荣誉——第三批自贸试验区"最佳实践案例"、自贸试验区"十大创新成果"。截至 2022 年底，共有超 300 家进出口企业在平台注册。

3. 稳步推进人民币跨境使用

2011 年，陕西省正式开办跨境人民币业务，经过十多年的发展，人民币跨境结算便利化有了长足的飞跃：范围从货物贸易扩充至文化旅游和国际物流，对象从进出口大户扩展至旅行社、航空物流企业和长安号，服务的商业银行也包括了浙商银行、中国银行、上海浦东发展银行等。截至 2023 年上半年，陕西开展跨境人民币结算金额总计近 5000 亿元，服务企业近 4950家，开展业务的商业银行有 36 家。[②]

（四）打造高能级金融开放平台

1. 共建丝路西安前海园

由西安高新区与深圳前海开发区共建丝路西安前海园，在全国率先复制推广前海模式，推动两地金融规则互联互动、金融资源共建共享。园区致力于促进"创新+金融"要素集合，吸引全球科技、金融、创新企业总部集聚，同步导入前海改革开放政策和创新机制优势，服务成果转化、加速企业成长及产业发展，打造西部金融改革创新高地。截至 2023 年 8 月，丝路（西安）前海园累计注册企业 76 家，已签约入驻金融领域企业机构 25 家。

---

① 《锻造金融外汇支持硬实力》，《西安晚报》2023 年 10 月 19 日，第 4 版。
② 《上半年陕西跨境人民币收付金额创新高》，http://www.shaanxi.gov.cn/xw/sxyw/202308/t20230830_2299010.html，最后检索时间：2023 年 9 月 28 日。

2. 成立陕西资本市场服务中心

2021 年 8 月 26 日，全国首家省级资本市场政策性综合服务平台——陕西资本市场服务中心揭牌成立。两年来，中心坚守陕西省资本市场改革发展的政策性、公益性服务机构定位，密切联系三大交易所驻陕基地，协同发挥沪、深、北三家交易所区域服务职能，团结市场先进主体、发挥桥梁纽带作用，扎实推进上市后备企业培育各项工作。截至 2023 年 8 月，培育助推 16 家企业成功上市，首发融资额达 219.36 亿元。

3. 建立陕西省金融服务云平台（陕西金服云）

陕西省金融服务云平台（陕西金服云）运用区块链、大数据等创新金融科技手段，进一步破解银企信息不对称问题，实现了"企业提报融资需求、银行精准服务对接、实时监测政策效果"的全链条服务高效对接，让陕西企业贷款需求与银行金融服务实现"云对接"，2020 年 10 月正式上线试运行。目前平台已入驻银行 32 家，创建银行客户经理账号超过 1500 个，发布贷款产品超过 50 个。省内各地市、各区县企业均可通过陕西金服云"手机一点"找银行，实现贷审进度一键可查。

4. 搭建金融合作交流平台

一是举办全球创投峰会。2018 年以来，由上海证券交易所、深圳证券交易所、北京证券交易所指导，西安市连续举办了五届全球创投峰会，探讨全球创业与投资机会，推进创投行业创新发展，促进资本与产业深度融合。二是举办中国金融四十人（CF40）曲江论坛。自 2020 年起，每年常规化举办中国金融四十人曲江论坛，围绕国内外宏观经济与金融形势以及行业发展前沿问题，开展高层次对话与交流，发布《曲江报告》，提出政策建议。论坛于 2020 年成立西安曲江高级金融研究院，进行课题研究并定期开展学术讲堂，CF40 在专家资源及课题研究方面提供战略支持。三是举办欧亚经济论坛金融分会。在每两年举办一次的欧亚经济论坛会议期间，组织召开金融分会，围绕金融合作塑造区域发展新优势、现代化基础设施建设的重点方向、绿色金融与可持续发展、金融支持减贫与农业发展、本币合作的机遇和挑战等开展深入交流，推动欧亚经济金融合作走实走深。四是召开陕港金融合作交流会。自 2017 年起，由省商务厅、省金融办联合香港特别行政区政府投资推广署、香港特别行政区政府驻陕西联络处，举办陕港金融合作交流会，聚焦双方金融领域优势和合作项目，开展精准对接交流，促进陕港两地金融领域合作。

10 年来，在金融的有力支持下，陕西全省进出口总额连续跨越 2000 亿元、3000 亿元和 4000 亿元大关，从 2013 年的 1406.30 亿元增长至 2022 年的 4835.34 亿元，年均增长 14.7%；对共建"一带一路"国家的进出口额年均增长 18.4%，2022 年首次突破千亿元，达到 1128.93 亿元，占全省进出口总额的 23.35%。2023 年上半年，陕西对共建"一带一路"国家的进出口额增长了 41%，对俄罗斯和中亚五国的进出口额分别增长了 1.4 倍和 1.7 倍。[①]

二 陕西"一带一路"金融合作面临的问题与挑战

（一）金融机构跨境综合服务能力仍待加强

现阶段，陕西省金融机构提供的金融产品和服务以传统金融业务为主，在综合化金融服务供给和创新性融资模式设计等方面仍显不足。省内金融机构"走出去"步伐缓慢，"一带一路"的国际业务规模较小。同时，陕西省地方法人金融机构总体数量较少、规模较小、品牌效应有限，商业创新不足、跨境服务能力有待加强，与国际先进同行相比有一定差距。

（二）部分共建国家和地区金融生态环境欠佳

共建"一带一路"国家和地区政治环境、经济形势、文化背景、宗教信仰迥异，与其开展合作面临地缘政治、经济发展、金融开放度、汇率波动等方面的诸多风险与挑战，导致金融生态环境欠佳。共建"一带一路"国

---

① 《十年蝶变 陕西谱写"一带一路"建设新篇章》，《证券时报》2023 年 9 月 7 日，第 4 版。

家和地区大多是发展中国家，经济发展水平不高，政府财力有限，金融需求集中在基础设施建设、能源开发等领域，资金需求量大、投资回收期长、收益存在不确定性。部分共建"一带一路"国家和地区金融市场相关法律法规不健全，金融市场发展滞后，金融开放程度不高，汇率环境不稳定，货币流通性较差，这使陕西省与这些国家和地区之间难以形成高效、稳定的跨境金融合作关系，跨境金融合作有待进一步拓展。

（三）跨境监管与征信合作面临较大困难

由于共建"一带一路"国家和地区金融业发展水平不同，金融监管实施力度各异，跨境金融违法犯罪活动监管难度较大。同时，共建国家和地区信用市场与征信管理水平、立法程度、信用信息采集标准等方面存在较大差异，且部分国家和地区出于保密考虑，拒绝共享全部信用信息，在一定程度上影响了信用信息的真实性和持续性，进而影响跨境征信合作。

三 陕西"一带一路"金融合作对策建议

正视成绩，直面问题，陕西要着力扩大对内对外开放，更加深度融入共建"一带一路"大格局。陕西金融要依托自身优势、精准发力，更好服务"一带一路"高质量发展，不断提高与共建"一带一路"国家和地区的金融合作水平。

（一）壮大地方法人金融机构，提升跨境综合服务能力

一是通过整合优化资源、完善治理结构，促进地方法人金融机构做强做优，提升经营效率和核心竞争力。采取"境内推、境外引、内外联动"的工作模式，加快金融机构"走出去"步伐，构建多渠道国际项目开发机制，形成"一带一路"项目储备库，扩大"一带一路"国际业务规模。二是引导金融机构组合发力，为"走出去"的企业和项目提供授信、融资等综合化服务，量体裁衣，满足企业跨境金融服务不同需求，助力企业走好"一

带一路"。在跨境结算、贸易合作等领域开展更多有益尝试，探索中亚地区人民币使用新场景。三是加大金融招商力度，争取各类持牌金融机构在陕西注册成立，重点引进总部型功能性金融机构来陕兴业，为共建"一带一路"融资融智，以高水平开放推动高质量发展。

（二）用好金融开放平台，拓宽拓深合作领域

依托陕西汽车、电子信息、新材料新能源、食品和生物医药等主导产业的产能和技术优势，充分发挥"通丝路"平台、长安号数字金融综合服务平台、丝路西安前海园、"一带一路"国际金融合作论坛等高能级金融开放平台作用，扩大金融高水平开放，拓展金融合作的新领域和新赛道。着眼长远，做好"一带一路"中长期金融合作战略规划，大力推动股权融资、质押贷款、进出口信贷、融资租赁等金融业务在"一带一路"落地生根。

（三）加强政策分析和研究，提高项目评估水平

金融监管部门和金融机构要组织专家团队，加强对共建"一带一路"国家和地区政治、经济、金融、文化、信仰等的政策分析和跟踪研究，充分了解并研判对金融合作项目产生影响的各相关变量，扎实开展项目尽职调查。建立事前、事中、事后相结合的项目风险控制体系，审慎开展金融合作项目的风险评估与收益预测，严控项目质量。

（四）推进跨境监管与征信合作，主动防范化解风险

一是主动加强与共建"一带一路"国家和地区监管部门及征信部门的沟通与合作，建立常态化信息交流机制，在培育征信市场、保护信息主体合法权益、防范信用风险等方面的积极合作，健全"一带一路"跨境金融监管协调机制，提升在重大问题上的监管一致性，协调解决相关争议。二是明确跨境征信的合作内容，对信息采集和共享、信息披露、信息保护、违约惩戒等重点合作内容进行细化、分解和落实。三是建立"一带一路"风险防范的合作机制，提前研判制定预警方案和应急方案，建立风险应对

和危机处置制度，快速响应，高效协调各方的处置行动，共同维护金融稳定。

四 未来展望

展望未来，随着共建"一带一路"的深入贯彻落实，陕西省与共建"一带一路"国家和地区的金融合作领域将进一步拓展，合作层次将进一步深化，合作模式也会进一步完善。陕西金融要加快步伐，着力构建全方位、多层次的金融合作体系，为"一带一路"建设融资融智，在"一带一路"建设中发挥越来越重要的作用。

随着"一带一路"金融合作的不断深入，还需加强对海外市场的研究，加强境外风险管理，建立并完善金融合作规则、标准和法律法规体系；建立金融合作信息平台，加强金融信息的交换与反馈；更多依靠科技驱动，利用数字支付、众筹融资、金融大数据平台、票据理财、互联网销售等金融服务新技术手段，为"一带一路"建设注入新动力，推动互利共赢、持续发展。

"一带一路"不仅是经济繁荣之路，也是绿色发展之路，"一带一路"金融合作，也必然走上绿色发展之路。应大力推进物联网、大数据、区块链等信息技术在"一带一路"金融合作过程中的应用，努力践行绿色发展理念，丰富绿色金融产品供给，形成以绿色信贷为主、多种金融工具共同发展的高效金融体系，实现更高质量的金融合作和经济发展。

B.7
2023年陕西"一带一路"农业合作发展报告

智 敏 赖作莲[*]

摘 要： 农业合作是共建"一带一路"国家和地区合作的重要内容。作为"一带一路"建设的重要节点，陕西深度融入共建"一带一路"大格局，对外开放水平不断提升，与共建"一带一路"国家和地区农业合作成效显著。农产品贸易持续扩大，农业科技交流逐步深入，农业对外投资初具规模，但同时仍面临合作不确定性大、便利化程度有待提高和融资难等问题。进一步深化与共建"一带一路"国家和地区的农业合作，应依托上合组织农业基地，打造高效农业科技交流合作平台；主动对标RECP高标准国际规则，切实提高农产品国际竞争力；培育新业态、新模式，大力发展农业服务贸易和农产品跨境电商；聚焦机制模式创新，强化涉农企业"走出去"金融支持。

关键词： 农业合作 "一带一路" 农业科技交流 陕西

一 陕西"一带一路"农业合作发展成效

（一）农产品贸易持续扩大

共建"一带一路"国家和地区之间的农业资源禀赋和农副产品差异明

---

* 智敏，陕西省社会科学院农村发展研究所助理研究员，研究方向为农村经济管理；赖作莲，陕西省社会科学院农村发展研究所副研究员，研究方向为农村经济与管理。

显，具有很强的互补性，开展农业合作的优势与市场潜力显著。随着"一带一路"建设的持续推进，尤其是2022年杨凌综合保税区封关运行，陕西与共建"一带一路"国家和地区尤其是中亚五国的农业合作逐渐加深，广泛开展农产品贸易，贸易规模持续增大。2022年陕西向中亚五国出口的农产品主要为核桃、茶叶和柑橘等，其中对哈萨克斯坦和吉尔吉斯斯坦核桃出口额达1.19亿元，对吉尔吉斯斯坦、乌兹别克斯坦和哈萨克斯坦茶叶出口额达732.3万元；进口主要为绿豆和葵花油，对乌兹别克斯坦绿豆进口额达934.4万元，对哈萨克斯坦红花油或葵花油进口额达321.2万元。① 2023年前4个月，陕西同中亚开展农产品贸易（主要为进口），进口规模为4730万元，其中红花子进口额达1050万元，绿豆进口额达1000万元，食用植物油进口额达328万元。②

"一带一路"倡议的加速推进，有效拓宽了陕西农产品的销售渠道和销售半径，越来越多的特色优质农产品走出国门，畅销共建"一带一路"国家和地区。果业作为陕西农村经济发展的支柱产业，也是与共建国家开展农产品贸易的重要内容。2023年前4个月，全省鲜苹果出口1.45万吨，同比增长8.21%，市场主要集中在泰国、越南、孟加拉国、马来西亚和新加坡等国家（见图1）；全省鲜梨出口1.11万吨，同比增长38.06%，出口前五国如图2所示。③

（二）农业科技交流逐步深入

陕西拥有我国首个国家级农业示范区，农业科教资源丰富，开展农业技术援外培训、农业技术集成示范推广的优势显著。同时，上海合作组织农业

① 《中亚五国在西安的打开方式》，https：//baijiahao. baidu. com/s？id＝1766158662458925189&wfr＝spider&for＝pc，最后检索时间：2023年10月17日。
② 《1~4月陕西与中亚地区贸易额大幅增长》，https：//baijiahao. baidu. com/s？id＝1766161160606560880&wfr＝spider&for＝pc，最后检索时间：2023年10月17日。
③ 《2023年1~4月，全省鲜苹果出口数量达1.45万吨，同比增长8.21%》，https：//mp. weixin. qq. com/s？__biz＝MzA3NTM1MzQ0Mw＝＝&mid＝2650877545&idx＝1&sn＝504324f97901261aff84269c980e76ec&chks，最后检索时间：2023年10月17日。

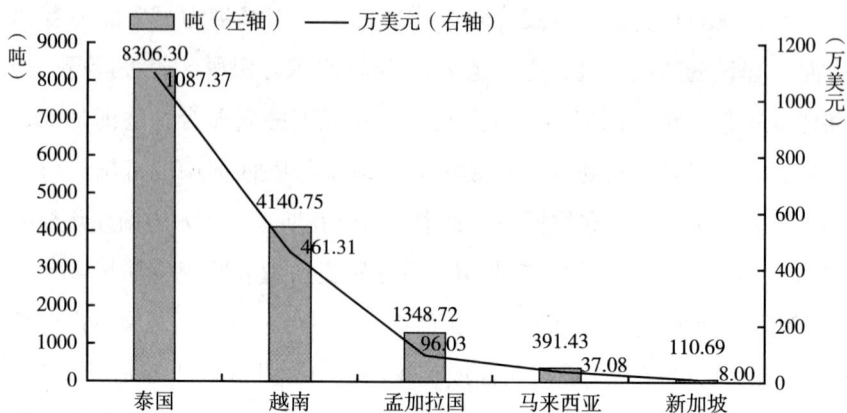

图1 2023年1~4月陕西鲜苹果出口前五国家

资料来源：陕西省果业中心信息数据处。

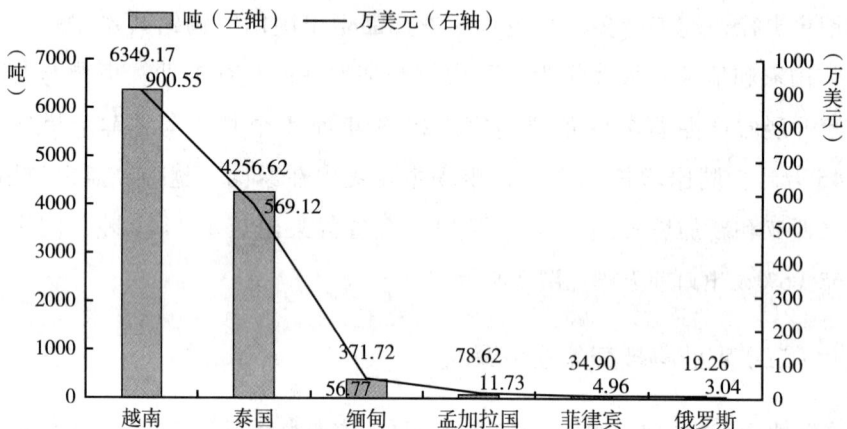

图2 2023年1~4月陕西鲜梨出口前五国家

资料来源：陕西省果业中心信息数据处。

技术交流培训示范基地落户杨凌，为陕西与共建"一带一路"国家和地区开展农业科技交流与合作提供了广阔的平台和发展空间，农业科技领域的培训、交流与示范成果显著。

1. 培训

自2011年杨凌被批准为中国旱作农业技术援外培训基地以来,陕西农业国际培训规模不断增加,培训受众覆盖面不断扩大,培训内容逐步丰富。尤其是上海合作组织农业技术交流培训示范基地落户杨凌以来,持续聚焦"培训、交流、示范"核心功能建设,线上线下融合发展,积极开展面向共建国家农业官员、科研院所农业专家学者和大中型涉农企业管理人员等群体的互访交流培训,涉农硕士、博士研究生等留学生的培养和农业技术职业教育。近年来,依托杨凌国家级农业示范区,开展了33期农业技术培训,有1100余名来自共建国家的农业官员参加培训,约7000名从事农业技术的农技人员、农场主和农民参与了线上学习,杨凌职业技术学院通过境外办学项目培养了200名左右的职教学生。2023年上半年杨凌共开展17期农业援外培训,培训4430人次。[①] 同时,通过开发植物保护、食品科学与工程和环境科学等中外合作办学,探索留学生教育培养模式,面向上合组织国家招收79名硕士和博士。西北农林科技大学于2019年设立了"丝绸之路国际化农业人才"专业学位硕士项目,重点培养拥有海外实践经验且有意愿就职于共建"一带一路"国家跨国企业及科研单位的复合型专业人才,该专项现已招收培养179名专业人才,有效地促进了我国与共建"一带一路"国家农业科技教育的培训广度与交流深度。[②]

2016年,以西北农林科技大学为主体,发起成立了"丝绸之路农业教育科技创新联盟",并获批了农业部第一批农业对外合作科技支撑与人才培训基地,每年培养200余人,依托联盟合作成立了非洲研究中心、中俄农业科技发展政策研究中心、哈萨克斯坦研究中心和南南农业合作学院等科研机构。2021年,西北农林科技大学联合上合组织8个成员国的19所大学发起成立"上合组织成员国农学高校联盟",为加强陕西与共建国家和地区的农

---

① 《杨凌:科技花开"一带一路"农业合作硕果累累》,https://baijiahao.baidu.com/s?id=1776182151978785717&wfr=spider&for=pc,最后检索时间:2023年9月26日。

② 李遥远、李盛明:《携手共筑农业繁荣路》,《光明日报》2023年9月1日。

业技术培训和交流提供了丰富的平台和载体。

2. 技术示范交流

建立海外农业科技示范园，以农业科技合作为引领，围绕区域农业生产经营过程中的共性问题联合开展科学研究、技术示范和人才培养，是加强与共建"一带一路"国家农业科技示范与交流的有效途径和重要方式。依托丝绸之路农业教育科技创新联盟，陕西先后在哈萨克斯坦、乌兹别克斯坦和白俄罗斯等沿线国家建设海外农业科技示范园，积极与当地科研机构和中资企业合作，集成示范我国的农作物品种和农业技术。为扩大农业技术示范推广作用，西北农林科技大学持续派出专家团队进驻海外农业科技示范园，结合当地农业市场需求开展优良品种的品比试验和农业技术的集成示范，开展联合育种。并且通过中欧班列将有关土壤改良和光伏灌溉等先进技术装备，运往海外科技示范园区进行试验示范和推广。杨凌先后在塔吉克斯坦和哈萨克斯坦试种小麦、油葵和玉米等共 6500 余亩，其中有 2 个小麦品种已进入了两国国家作物品种区域试验，在当地推广高效栽培种植技术 110 余项，辐射种植 3000 余万亩。[①] 同时，积极依托海外农业科技示范园建设开展人才培训和交流，先后为丝路沿线国家培养 319 名硕博研究生和 1200 余名农业科技人才。[②]

3. 农业科技成果展览与交易

农业科技成果展览是农业科技成果示范推广的重要平台，在推动农业高新技术成果转化和加强国际合作方面发挥了重要作用。依托杨凌农高会全国5A 级农业综合展会等活动，充分发挥农业科技成果展览的桥梁和纽带作用，推动共建"一带一路"国家的农业科技成果交流与交易，集中展示国内外最新农业新技术、新装备和新品种，推进科技成果与资本市场有效对接，举办集中签约、专场签约等活动，推进合作项目达成，社会效益和经济效益显著。其中，为期 5 天的第三十届中国杨凌农高会集中展示了国内外前沿农业

---

① 《服务上合组织国家农业现代化——上合组织农业基地加快建设纪实》，https://www.sohu.com/a/718811159_ 99916037，最后检索时间：2023 年 9 月 26 日。

② 李遥远、李盛明：《携手共筑农业繁荣路》，《光明日报》2023 年 9 月 1 日。

科技成果 9000 余项，共举办 18 场签约活动，达成 378 个合作项目，合作项目金额实现 1112.77 亿元人民币。[①] 2023 年陕西"一带一路"农业科技交流活动如表 1 所示。

表 1　2023 年陕西"一带一路"农业科技交流活动

时间	地点	活动
2023 年 5 月 16 日	西安	庆祝"一带一路"倡议 10 周年暨中哈商品展
2023 年 5 月 29 日	杨凌	上海合作组织减贫和可持续发展论坛
2023 年 7 月 25 日	西安	2023 年国际农产品流通产业大会暨第十届中国国际农产品贸易对接会
2023 年 9 月 19 日	杨凌	第三十届中国杨凌农业高新科技成果博览会
2023 年 9 月 19 日	杨凌	第十七届杨凌国际农业科技论坛
2023 年 9 月 20 日	杨凌	中国同非洲之角国家农业合作交流会
2023 年 9 月 20 日	杨凌	上合组织国家农业合作与发展大会
2023 年 9 月 22 日	杨凌	第八届丝绸之路农业教育科技创新联盟年会
2023 年 9 月 25 日	西安	2023 年"一带一路"有机农业研讨活动
2023 年 11 月 16 日	西安	丝绸之路国际博览会

（三）农业对外投资初具规模

农业对外投资是促进我国与共建"一带一路"国家农业产能合作的有效路径，有利于推动涉农企业充分利用国际、国内农业资源和市场，深度参与农业国际分工协作，实现农业资源的优化配置，并增加农产品国内市场的有效供给。近年来，陕西围绕"一带一路"重点合作国家及领域，推动有条件的省内企业加快海外产业布局，打造集品种培育、农业种植、精深加工、物流配送、粮油储备、国际贸易以及品牌营销产储销于一体的农业产业龙头企业，推动在共建"一带一路"国家布局特色产业全产业链，建立农

[①] 《第 30 届杨凌农高会闭幕达成合作项目 378 个　签约金额 1112.77 亿元》，https://baijiahao. baidu.com/s? id=1777926668170901199&wfr=spider&for=pc，最后检索时间：2023 年 10 月 17 日。

业跨境产业链和产业集聚区。聚焦跨境农业产业化发展，支持爱菊等龙头企业在境外园区建设粮食种植、初加工基地，探索"政府+银行+企业+农场主+高校"新型订单农业种植模式，与哈萨克斯坦的20余个农场主签订150万亩的"订单农业"合作协议，加强海外粮仓建设，丰富优质农产品供应；并借助中欧班列长安号的运输优势，开展进口粮食保税加工，在阿拉山口建设农产品中转分拨中心，在西安建立农产品集散中心，形成品种培育、农业种植、精深加工、物流配送和销售的全产业链。以爱菊集团为例，平均每年从哈萨克斯坦进口12200吨非转基因优质油脂、5800吨有机小麦和4700吨优质面粉，有效丰富了国内优质农产品的供给。

二 农业合作面临的困难和问题

（一）开展农业国际合作不确定性较大

当前世界正处于百年未有之大变局，国际政治、经济和贸易格局正在深刻变化，经济全球化遭遇逆流，新冠疫情影响深远，陕西与共建"一带一路"国家和地区开展农业合作的不稳定不确定因素明显增加。

世界政治格局多元复杂。部分共建"一带一路"国家和地区存在政治格局动荡、经济政策不连续、汇兑限制等问题，叠加疫情和外部复杂环境的影响，营商环境相对较差。同时，部分共建国家和地区为多民族和多宗教聚集区，对农业国际合作形成一定的政治和意识形态安全风险。部分国家由于其特殊的地理位置，大国势力盘根错节，开展农业合作的地缘政治风险显著。

国际经贸摩擦加剧。近年来，国家贸易保护主义、单边主义抬头，贸易壁垒和摩擦频发，非关税壁垒的种类、应用范围和使用频率都在提高，并引发了一系列关税争端和贸易救济，农业国际贸易环境不稳定性增加。新冠疫情后，各国加强对粮食安全和市场供给的重视，强化国内生产供应，调整农产品进出口政策，农业国际贸易和投资面临的不确定性增加。

（二）国际贸易环境变化带来新挑战

由于全球范围内公共卫生和环境灾害事件的多发态势，世界各国更加关注国外直接投资对当地生态和环境的影响，在共建国家开展农业对外直接投资会面临更加严格的生态环境保护要求，例如，在澳大利亚和加拿大等国家进行投资，必须要通过生态平衡、环境保护和生物多样性的可持续发展审查，会带来经营成本和投资周期的显著增加。

（三）投资贸易便利化水平有待提升

近年来，陕西加快推进自贸试验区建设，对标国际先进经贸规则，陆续出台了一系列提升跨境物流效率、创新通关监管服务、促进农业投资便利化水平的措施，有力地提升了贸易便利化水平。但由于我国与共建"一带一路"国家和地区的农产品检验检疫标准还没有完全实现互认和对接，重复进行检验检疫会降低农产品的通关效率，容易带来生鲜产品的浪费，增加了产品准入的难度和成本，货物放行与结关效率有待进一步提高。

（四）境外农业投资仍有高风险

完善的金融服务支持体系是发展农业对外直接投资的重要前提。与其他行业相比，农业投资的产业链条和投资周期相对较长，而且容易受自然环境和市场环境的影响，资金回收期和回报率的不确定性风险更高，获取直接融资服务和资金结算等金融服务难度较大。同时，由于企业的境外资产很难作为有效抵押物在国内贷款，而国内公司的信用评级还不能作为信用记录被境外接受，制约了企业在国内和境外的融资能力。农业对外直接投资还要求企业有一定的金融风险防范意识和能力，对利息双重征税和汇率汇兑等金融风险先期考虑不足，缺乏风险管理手段，必然会增加投资不确定性和由此产生的隐性成本。

三 农业合作的趋势分析

（一）国际农业合作潜力巨大

1.共建国家开展农业合作的诉求更加强烈

近年来，由于疫情持续、极端气候变化和局部冲突等因素的冲击与叠加，全球农业发展格局深度调整，应对粮食危机、解决饥饿与贫困问题的形势紧迫，世界各国更加关注粮食安全战略和农业的基础地位。"一带一路"国家开展农业国际合作，积极参与全球农业资源整合利用，深度开发农产品市场，维护粮食安全和农产品供应链稳定的诉求更加强烈。

2.RCEP协议的生效将有效促进农业贸易投资便利化

RCEP区域协议的落地生效，将显著提升区域内农产品贸易、对外投资和服务贸易的开放水平，为农副产品和资金、技术、人才等生产要素的自由流动提供有力支撑，推动成员国灵活配置国内市场和国外市场资源，深入开展农业产能合作。同时，在RCEP协议下，农业全方位开放水平更高，农业生产销售规则标准更为严格，国内涉农产业面临更大的挑战和竞争压力。

3.居民消费升级将有力推动优质农产品贸易

由于全球范围内公共卫生和环境灾害事件多发，国际市场更加关注食品安全和环境友好型农产品。随着我国居民收入水平的不断提高，消费升级趋势明显，国内消费者对绿色安全、生态有机的优质生鲜食品的需求旺盛。进入后疫情时代，消费者的消费预期更加稳定，消费意愿和能力显著提高，顺应消费升级趋势，优质农产品消费市场前景广阔。

（二）农产品跨境电商成为拉动农产品贸易增长的新动能

受消费升级和疫情影响，线上购物的市场需求快速增长，网络零售市场规模不断扩大。数字技术的快速发展赋能现代农业和数字贸易的融合发展，催生了农产品跨境电商等新业态新模式。我国农产品跨境电商在推动农业贸易、对外投资等方面注入了新动能，发展潜力巨大，市场前景广阔，在促进优质农产品进口、重要农产品保供、特色地理标志农产品出口和农业产业链延伸等方面的作用显著。截至2022年，我国与29个国家建立了丝路电商双边合作机制，2022年，我国与共建"一带一路"国家的农产品跨境电商贸易额同比增长35.3%，实现22.9亿美元。[①] 同时，我国农产品跨境电商发展仍面临着农产品标准化程度不够、专业人才不足和国际物流不畅等方面的挑战。

（三）农业优势产能合作前景广阔

优势产能合作是"一带一路"农业合作的重要内容与实体支撑，是实现"一带一路"国家农业合作共赢的现实纽带。随着"一带一路"建设的深入实施，我国与共建国家的农业产能合作规模持续扩大，合作领域不断拓宽，机制不断完善，模式持续创新。深度参与国际分工，推进产业分工合作、跨国农业全链条式发展成为国际农业合作的亮点和增长点。依托丰富的农业科教资源和特色农业产业，杨凌农业高新技术产业示范区"自贸区+综保区"双区叠加优势，上海合作组织农业技术交流培训示范基地丰富的合作平台体系，陕西与共建国家开展以企业为主体、以市场为导向的农业产能合作的条件得天独厚，市场前景广阔。

（四）农业服务贸易将成为深化农业国际合作的重要增长点

共建"一带一路"国家农业资源禀赋丰富，尤其是其中的广大发展中国家，对适用高效的农资农机装备和相配套的技术指导、售后服务需求很大，将为农业服务贸易创造广阔的发展空间，农业服务贸易正处在重要的战略窗口期。积极输出我国的优势农业要素，并提供全程解决方案，有助于加快全球范围内产业链价值链布局，提升农业发展国际竞争力。陕西拥有丰富的农业科教资源、上海合作组织农业技术交流培训示范基地等"走出去"

---

① 《绘就"一带一路"农业合作新画卷》，https://baijiahao.baidu.com/s? id=1766092881252794981&wfr=spider&for=pc)，最后检索时间：2023年10月14日。

平台载体，积极融入共建"一带一路"，立足产业链供应链优势，提供覆盖生产、流通、消费整个产业链的多种专业服务，推动农业服务贸易发展具有广阔的市场前景和良好的发展机遇。

四　深化农业合作的建议

（一）依托上合组织农业基地，打造高效农业科技交流合作平台

依托丰富的农教资源，以更大力度推动上合组织农业基地建设，做好横向统筹和纵向衔接，推动要素资源向基地汇聚，持续提升上合农业基地平台综合能级，打造一批培训示范推广品牌项目，为助力国家农业领域对外开放、推动共建"一带一路"国家农业发展作出陕西贡献。打造多元平台体系，拓展交流深度。一是依托秦创原农业板块、产业创新中心和现代农业国际联合实验室等平台，鼓励高等院校、科研机构与涉农企业合作，围绕产业化过程中关键核心技术开展协同攻关与联合研究，不断产出与共建"一带一路"国家关联度大、科技含量高、适用性强的农业科技成果，促进科研仪器与设施、科研数据、科技文献、生物种质等科技资源合作共享。二是依托杨凌农高会等全国农业综合展会，整合陕西涉农投资企业、商贸企业投资资源，围绕深化农业科技创新示范、推广、合作，精准对接共建"一带一路"国家和地区，拓宽农业科技成果展示交易平台。三是健全农业科技交流合作服务体系。鼓励行业协会、智库、科技中介服务机构为陕西涉农企业与共建"一带一路"国家开展国际合作、技术引进、技术转移等提供专业服务，促进先进技术及成果的引进、输出和转移转化。

（二）主动对标 RECP 高标准国际规则，切实提高农产品国际竞争力

RECP 国际规则下，成员国之间农业贸易和投资的开放程度大幅提高，农业国际合作更加便利和自由，消费市场空间更为广阔，农业贸易的市场前

景和潜力巨大。要准确理解和把握相关规则，立足陕西农业产业要素禀赋和比较优势，充分利用协定提供的优惠实现高效的资源流动和配置，培育陕西农业国际竞争优势。一是充分发挥"杨凌自贸片区+综合保税区"双区叠加优势，探索开展与共建"一带一路"国家间的农业标准化交流合作，稳步扩大农业领域标准、规则等制度的开放，逐步实现农业标准互认共享。二是充分利用 RCEP 的优惠市场准入条件，促进陕西优质特色农产品出口。借助境外农产品展示中心和"海外仓"等平台，集中展示农机装备、灌溉设备、苹果、茶叶、小米等，推动陕西特色农产品走出国门。三是充分利用 RCEP 投资开放措施，引导市场主体积极开展境外农业投资，加快海外产业布局。推广爱菊"走出去"经验，打造集品种培育、农业种植、精深加工、物流配送、粮油储备、国际贸易以及品牌营销产储销于一体的农业产业龙头企业，广泛参与国际产业链分工与协作。

（三）培育新业态、新模式，大力发展农业服务贸易和农产品跨境电商

鼓励科研机构和企业依托陕西境外农业合作示范区、对外开放合作试验区等，根据自身专业方向、研究特色，将资金、技术、市场、企业、人才和成功经验等，同共建"一带一路"国家的自然资源、人口红利和市场潜力紧密结合起来，从单纯的农产品或投入品生产向综合性全链条农业服务体发展，为其农业发展提供产业、技术、设备、组织等全链条配套方案，助力打造"一带一路"农业合作的全产业链孵化和支持体系。

推动跨境电子商务与陕西特色优势农业产业深度融合。根据省内区位优势和产业特色，在共建"一带一路"国家布局一批农产品海外仓，探索跨境电商与海外仓、市场采购贸易等新业态新模式的协同发展，直接对接广阔的终端消费市场，推动陕西特色农产品走出国门。加强中欧班列班次与港口航线网络的对接，强化跨境运输衔接，提高跨境电商的物流效率和便利化水平。加快培养跨境电商专业化人才，鼓励省内高等院校、职业院校加强电子商务设计、运营和物流等特色专业建设，培养复合型外贸电子商务人才，通

过政策激励和项目合作等方式，引进更多优秀跨境电商企业和人才落地陕西，为跨境电商发展提供人才支撑。

（四）聚焦机制模式创新，强化涉农企业"走出去"金融支持

"一带一路"倡议的深入实施，为金融服务提供了广阔的市场机遇，同时也对跨境金融服务能力提出了更高要求。建立高效的政策性、商业性金融服务体系和风险分担与补偿体系，是深化农业国际合作的重要支撑。一是强化政府与银行合作，定期召开企业"走出去"融资推介会，搭建农业合作项目融资平台，对涉农企业海外投资布局进行支持和鼓励。二是畅通融资渠道，鼓励涉农企业争取丝路基金、中国海外农业投资开发基金、中非基金、亚洲基础设施投资银行等金融支持，发挥省级产业发展专项资金和科技成果转化引导基金的作用，带动金融和社会资本参与，与共建"一带一路"国家相关企业、科研机构和大学开展双边合作，促进农业科技及成果的引进、输出和转移转化。三是探索建立由政策性银行、地方政府和企业共同参与的境外投资合作风险共担机制，降低企业融资条件和成本，切实提升涉农企业境外投资的风险防范和应对能力。

区域篇

B.8

2023年陕西与西亚共建"一带一路"发展报告

闫柏睿　张晨婧*

摘　要： 2023年，陕西省与西亚地区在经济、贸易、文化、教育、科技、交通、基础设施和投资等领域均开展了一系列合作。陕西与西亚地区继续加强政策沟通、推进贸易便利化、深化产能合作、加强农业领域合作等，促进了双方的紧密合作。在文化和教育领域，双方加强了高校间的合作，举办了多次文化艺术交流活动，增进了人文交流。在经济和贸易方面，陕西省与西亚地区签署了多项合作协议，推动了双方的贸易便利化和提质增效。在科技合作领域，陕西省积极推动科技成果共享，促进了科研人员的交流与合作。但是，由于受一些因素影响，2023年陕西与西亚地区的合作有所减弱，需要采取一系列措施来加强双方合作。

---

* 闫柏睿，博士，咸阳师范学院讲师，研究方向为物流与供应链管理、国际产能合作；张晨婧，博士，咸阳师范学院讲师，研究方向为数字经济。

关键词： 文化艺术交流　产能合作　陕西　西亚

一　陕西与西亚共建"一带一路"的背景和意义

（一）陕西与西亚共建"一带一路"的背景

陕西作为中国西部重要的经济、文化、交通、技术中心，与西亚地区有着悠久的历史和文化联系。同时，作为丝绸之路的起点，陕西对促进中国与西亚的经济、文化交流起到了重要作用。

近年来，陕西积极推动"一带一路"倡议的实施，并加强与共建国家和地区的经济贸易合作。这一努力显著改善了陕西与西亚地区的合作条件。西亚是中国西部地区的重要贸易伙伴，也是中国与亚洲地区合作的关键地区。中国和西亚在经济、文化和技术等多个领域有广泛的合作机会。随着科技的进步，陕西与西亚地区在技术创新、文化旅游和基础设施建设等领域的合作日益多样化和深入。

（二）陕西与西亚共建"一带一路"的意义

陕西与西亚地区共建"一带一路"具有深远的意义。首先，共建"一带一路"能够加强双方之间的经济联系，推动贸易、投资和技术合作，共同实现经济繁荣。其次，有助于文化交流与合作，促进语言、艺术、历史等方面的互学互鉴，丰富两地的文化内涵。此外，共建"一带一路"也可以加强双方在科技、教育、人才培养等领域的合作，推动创新和知识的共享。最重要的是，这种合作能够加强陕西与西亚地区国家之间的政治互信，推动和平与稳定，共同应对全球性挑战。通过共建"一带一路"，陕西与西亚地区能够实现互利共赢，推动经济社会的可持续发展，为两地人民带来更多实实在在的福祉。

二　陕西与西亚共建"一带一路"合作状况

"一带一路"倡议提出十年以来，陕西与西亚之间在基础设施、能源、产业和贸易等领域的合作已经取得了显著进展，服务业的合作也在不断拓展，在教育、文化、旅游等领域的交流与合作也日益频繁。

（一）文化和教育交流

2023年，陕西省在文化和教育领域与西亚国家的交流与合作取得了显著进展，呈现多层次、多领域的发展趋势。这种交流不仅加强了双方在学术科创、文化艺术等领域的合作，也搭建了促进两地人民友好交往的桥梁。

学术合作与考古研究。陕西省的高校与西亚国家的高等教育机构展开了广泛的多领域合作。比如，西安建筑科技大学与卡塔尔大学召开了合作意向会议，在学术研究、学生交换项目和教师培训等方面的合作取得了重要进展。高等教育领域的合作不仅推动了知识的共享，也加深了两地人民之间的相互了解，为未来的学术研究和人才培养奠定了坚实基础。[1] 此外，2023年丝绸之路考古合作研究中心成立。该中心与伊朗高校签署了共建协议；并与阿富汗中国城展开合作，共同进行南巴克特里亚考古工作，为丝绸之路的历史研究提供了新的视角。[2] 该中心的首席科学家还前往伊朗考察，为伊朗的世界文化遗产申报项目提供学术支持，促进了两国学术界的交流与合作。[3]

文化艺术交流。2023年5月4日，从幸福出发丝路文旅之浪漫土耳其西安—伊斯坦布尔交流座谈会在西安召开。此外，由伊朗主办的中国—伊朗

---

[1] 《我校与卡塔尔大学召开视频会议》，西安建筑科技大学新闻网，https：//news. xauat. edu. cn/info/1023/29781. htm，最后检索时间：2023年3月30日。

[2] 《亚洲文化遗产保护联盟大会在西安举行》，西安新闻网，https：//www. xiancn. com/xzt/content/2023-04/25/content_ 6719198. htm，最后检索时间：2023年4月25日。

[3] 《科教人文交流　促进民心相通——陕西深度融入共建"一带一路"大格局系列报道之五》，陕西一带一路网，https：//snydyl. shaanxi. gov. cn/article/58051. html，最后检索时间：2023年9月7日。

文旅合作友好交流会暨当代伊朗摄影展也在西安成功举办，加深了两国在文化艺术方面的交流，丰富了当地人民的文化生活。[①] 陕西省还通过文化输出的方式，加深了与西亚国家的友好交流。由西影集团创作的 8K 人文美食纪录片《千年陕菜》第二季成功"登陆"阿联酋的中阿卫视，成为丝绸之路友谊的重要见证。[②] 这种文化交流不仅深化了双方对彼此文化的了解，也为未来的合作奠定了基础。

青年交流。在青年交流方面，中国—阿拉伯国家青年领袖对话会[③]以及欧亚青年精英论坛[④]等活动在西安举办，为中国与西亚地区的青年提供了交流平台，共同探讨了绿色发展等重要议题。此外，2023 年 7 月 3 日，阿曼中国和平统一促进会等侨团侨领到访陕西省侨联，推动了两地的交流与合作，合作领域涉及广泛，包括经济、教育等方面。[⑤]

（二）经济和贸易合作

2023 年，陕西省与西亚国家在经济和贸易方面的合作蓬勃发展，取得了一系列积极成果，不仅涵盖了农业和食品加工业领域，还在国际贸易展会、企业合作等多个层面深入展开，为双方的经济发展提供了强大助力。

农业与食品加工业合作。农业和食品加工业是陕西和西亚国家开展经济合作的重要领域之一。2023 年，陕西省的杨凌农业高新技术产业示范区与亚美尼亚中国合作关系发展中心展开了深入的合作。双方计划在葡萄酒和石榴酒等领域开展合作，这不仅有助于促进陕西省特色农产品的出口，也为西

① 《中国-伊朗文旅合作友好交流会暨当代伊朗摄影展正式启幕　曲江印国际交流合作基地 2023 首场国际对话圆满落幕》，丝路直播，https://baijiahao.baidu.com/s? id = 1764388054825837107&wfr=spider&for=pc，最后检索时间：2023 年 4 月 28 日。
② 《8K 纪录片〈千年陕菜〉登陆阿联酋中阿卫视!》，新浪网，https://k.sina.com.cn/article_ 6344662785_ m17a2bdf01033017sd9.html，最后检索时间：2023 年 8 月 26 日。
③ 《2023 中国—阿拉伯国家青年领袖对话会在西安举行》，西安网络广播电视台，https://weibo.com/1455232643/N93zjqZLK，最后检索时间：2023 年 7 月 9 日。
④ 《阿塞拜疆专家："一带一路"倡议为全球治理体系改革作出卓越贡献》，中国青年网，https://news.youth.cn/gj/202309/t20230926_ 14816075.htm，最后检索时间：2023 年 9 月 26 日。
⑤ 《阿曼中国和平统一促进会一行来陕参访交流》，省黄埔校友同学会，http://www.zgsxswtzb. gov.cn/mobile/show.html? id=19896，最后检索时间：2023 年 7 月 19 日。

亚国家引入高质量的农产品提供了机会。①

国际贸易合作。2023年6月8日至10日，由陕西省侨联牵头的陕西多个部门和企业组成的代表团前往格鲁吉亚进行了经贸洽谈。② 这种跨国的经贸合作不仅促进了双边贸易，还为陕西省的企业拓展了国际市场。截至2023年9月底，陕西与西亚进出口总额总计83.88亿元，其中进口4.72亿元，出口79.16亿元。③

水果出口合作。2023年6月，陕西省大元农业科技有限公司成功将澄城樱桃出口至阿联酋。④ 这标志着陕西省的农产品不仅在国内市场上备受欢迎，也在国际市场上赢得了认可。这种水果出口合作不仅为陕西省的农产品开辟了新的销售渠道，也为西亚国家的消费者提供了新鲜、优质的水果产品。

（三）科技合作与人才交流

2023年，陕西省与西亚国家在科技合作与人才交流方面取得了显著进展，有助于促进科技创新和知识传播，还为两地的人才培养和科研合作提供了机会。

中医药交流与合作。陕西省积极推动中医药的传播、国际合作与人才交流。在2023欧亚经济论坛中举办的中医药交流合作分会上，西安市中医医院等三家医院与格鲁吉亚代表签订了合作意向书，将在中医医疗技术、科研教学和人才培养等方面展开合作。这种合作不仅有助于将中国传统中医药的智慧传播到国际，还促进了中医药在国际市场上的应用和推广。⑤

人才交流。陕西省通过"陕西省引进国外智力示范基地"的机制，成

---

① 《中国杨凌农高会：世界农业交流合作的大舞台》，新浪网，https://k.sina.com.cn/article_7281456393_1b20235090190142re.html，最后检索时间：2023年9月22日。

② 《陕西省侨联组团出访格鲁吉亚》，凤凰网陕西，https://i.ifeng.com/c/8QZ3qqLpicq，最后检索时间：2023年6月13日。

③ 海关统计数据查询平台，http://stats.customs.gov.cn/，最后检索时间：2023年10月20日。

④ 《海关：用好"加减乘"，水果香海外》，《陕西日报》，http://www.shaanxi.gov.cn/xw/ldx/ds/202306/t20230608_2289339.html，最后检索时间：2023年6月8日。

⑤ 《弘扬丝路精神 推进中医药交流 欧亚经济论坛中医药交流合作分会在西安举行》，西安新闻网，https://www.xiancn.com/xzt/content/2023-09-25/content_6783824.htm，最后检索时间：2023年9月25日。

功聘请了黎巴嫩籍双学位博士 Ali 到西安文理学院全职工作。这种引进国外智力的做法不仅有助于陕西省高校引入国际化的教育资源和研究成果，还为本地学生提供了与国际学者互动、学习和合作的机会。[①]

（四）交通和基础设施建设

2023 年，陕西省与西亚国家在交通和基础设施建设领域取得了显著的合作成效，为促进两地贸易发展、人员往来、文化交流提供了便捷和支持。

中欧班列持续运行。陕西中欧班列已经成功开通至伊朗德黑兰、阿塞拜疆巴库等的线路，并持续良好运行，为两地贸易往来搭建了便利通道，不仅在提高运输效率的同时降低了运输成本，也使得两地企业贸易合作更加便捷，进一步实现了丝绸之路经济带的互联互通，加深了西亚国家与中国中西部地区的经济合作。

基础设施建设的共同推进。陕西省与西亚国家在基础设施建设方面也保持着积极的合作态势。通过共同合作的项目，包括道路建设、桥梁建设、港口设施建设等，双方共同推动基础设施建设合作进展。

（五）投资合作

2023 年，陕西省与西亚国家在投资合作方面取得了积极进展，主要涉及农业技术引进和医疗产业领域。

陕西省在农业领域引进了一批重要的投资项目。例如，陕西省引进了以色列智能水肥一体化设备，项目总投资 2600 万元。这个项目主要涉及水肥的智能化管理，能够大幅度提高土地利用率和农作物产量，降低农业成本和环境污染。[②]

另外，陕西省的医药行业也吸引了国际投资者的关注。例如，世界第四大财富主权基金科威特政府投资局成为国际医学的大股东之一，位列其前

[①]《西安文理学院获批陕西省高校学科创新引智基地》，搜狐网，https：//www.sohu.com/a/632252348_100185418，最后检索时间：2023 年 1 月 19 日。

[②]《陕西 2023 年二季度全省重点项目观摩（陕北片区）活动启动》，华商网，https：//www.sohu.com/a/696531896_119659，最后检索时间：2023 年 7 月 10 日。

10大股东，最新排名第七。这表明陕西省的医药行业在国际上具有一定的竞争力和投资价值，为推动陕西省医药产业的发展提供了重要支持。这种跨国医疗产业的投资合作，不仅推动了医疗科技的发展，也促进了不同国家之间医疗资源的共享与合作。[①]

三 陕西与西亚共建"一带一路"的发展趋势和挑战

（一）发展趋势

在共建"一带一路"倡议下，陕西与西亚的合作呈现良好的发展趋势和广阔前景。双方在基础设施建设、贸易投资、文化交流等多个领域取得了显著的合作成效，并积极推动着跨区域合作向更高层次、更广领域迈进。未来，陕西与西亚在共建"一带一路"框架下的合作将继续呈现积极的发展趋势。

首先，制造领域的合作成为推动双方发展的重要引擎。"一带一路"倡议将继续推动陕西与西亚地区在基础设施建设方面的合作。通过在制造领域的一系列合作，陕西与西亚之间的贸易往来将得到进一步加强，为两地间经贸活动的开展提供了有力支撑。此外，以互联网、移动金融、数字经济为代表的新兴产业的合作也将日益活跃，为两地经济合作注入了新的动力。

其次，贸易投资的增长成为推动双方发展的重要力量。随着"一带一路"建设的不断深入，陕西与西亚地区在农业、能源、高新技术等领域的合作也日益活跃，为两地经济的持续发展提供了有力保障。陕西作为中国中西部的经济中心，将会吸引更多西亚国家的投资和贸易合作。从外商对陕西投资情况（见图1）及西亚对陕西投资情况（见表1）的统计趋势来看，陕西整体接受外资的金额及项目数量呈增长态势，西亚对陕西的投资也有所增长，同时近几年陕西与西亚地区的外贸进出口总额也在不断增加（见图2）。

---

① 《独家专访 万联证券屈放详解科威特主权基金为何投资国际医学》，东方财富网，https：//caifuhao.eastmoney.com/news/20230622090608775329520，最后检索时间：2023年6月22日。

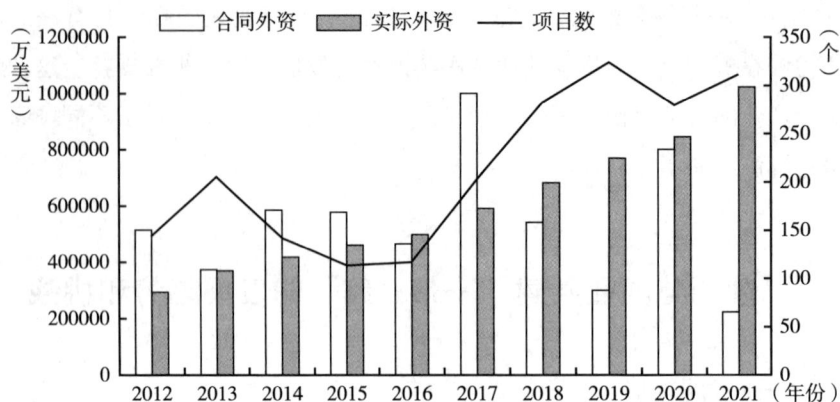

图1 2012~2021年外商对陕西投资情况统计

资料来源:《陕西统计年鉴》。

表1 2013~2021年西亚对陕西投资情况统计

单位:万美元,个

年份	合同外资	实际外资	项目数
2013	8	0	1
2014	0	8	0
2015	0	0	0
2016	15	0	1
2017	15	0	1
2018	1	0	2
2019	352	0	8
2020	265	1436	10
2021	460	0	10

资料来源:《陕西统计年鉴》。

再次,部分地区双边贸易及投资量有所下降。从整体来看,陕西与西亚地区的双边贸易发展并不是完全向好,虽然陕西对西亚的出口量在2022年和2023年有了较大提升,但是陕西从西亚的进口在短暂上升后,2020年以后开始呈下降趋势(见图2)。尤其是2023年5月以后,无论是进口还是出口量都出现比较明显的下降趋势(见图3)。

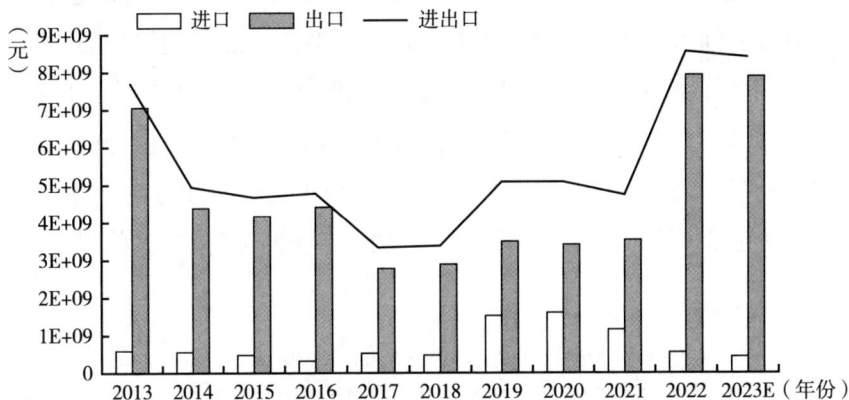

图2　陕西与西亚国家外贸进出口情况统计

资料来源：海关统计数据查询平台，http：//stats. customs. gov. cn/，下同。

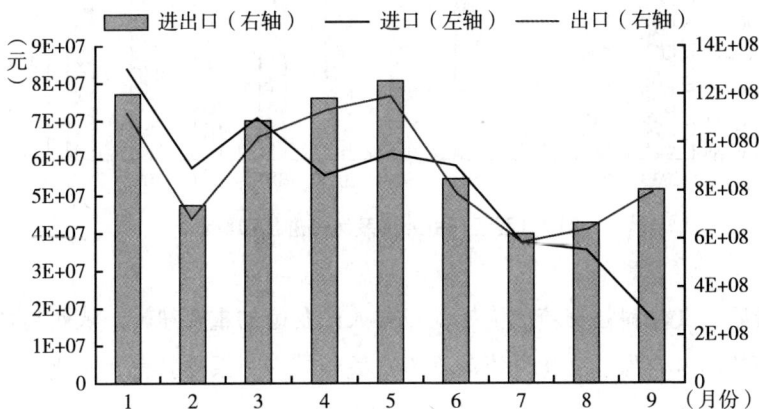

图3　陕西与西亚2023年进出口总额

另外，从陕西与西亚各个国家近几年的进出口贸易趋势来看，陕西与阿富汗、巴林、塞浦路斯、伊拉克、以色列、约旦、卡塔尔的进出口贸易近几年有上升趋势，但是截至2023年9月的进出口总额与上年的全年总额还有一定距离。陕西与伊朗、科威特、黎巴嫩、阿曼、叙利亚、土耳其、阿联酋、阿塞拜疆的进出口贸易情况，从趋势来看基本保持稳定或上升状态。陕西和巴勒斯坦的合作呈现较大的周期性波动，截至 2023 年 9 月的总量与上年全年总量有很大差距。陕西与沙特、也门、格鲁吉亚、亚美尼亚的进出口合作持续增长，截至 2023 年 9 月的总量已经超过了上年全年的进出口总和。

而与此同时，从国际上来看，西亚 2020 年以后的外国直接投资净流入上升趋势明显，西亚整体商品进出口量均表现出比较明显的上升趋势（见图 4）。这也表明西亚的贸易市场具有较大容量，存在较多的潜在合作机遇。

图 4　西亚吸引外资及商品进出口统计

最后，文化科技交流成为推动双方人民友谊的重要纽带。陕西与西亚地区之间的学术合作、文化交流活动等日益频繁，一系列教育、文化、旅游等领域的交流活动，促使两地民众更好地了解彼此，推动人文交流的深入发展，为双方在"一带一路"建设中的合作奠定了更为有利的民意基础。同时，陕西省与西亚国家在科技领域的合作将更加密切，共同攻克科技难题、推动创新，有望带来技术突破，推动产业升级。

（二）面临的挑战

尽管陕西与西亚在"一带一路"建设中的合作取得了显著成果，但也面临着一些挑战。首先，由于陕西和西亚地理位置相距较远，双方的沟通交流仍存在一定的障碍，需要进一步加强沟通协调。其次，由于陕西和西亚在政治制度、法律法规等方面存在差异，双方在合作中也需要进一步了解和相互适应。最后，由于共建"一带一路"国家的情况多种多样，陕西与西亚在合作中也面临着一些具体问题，比如政策风险、融资难等挑战。因此，需要加强风险评估并采取相应的防范措施，以确保合作的顺利进行。

地缘政治因素。西亚地区的地缘政治紧张局势导致投资和贸易环境不稳定，将对合作进程产生影响，而且该地区某些地方存在冲突、恐怖主义等安全隐患，可能威胁到贸易通道的安全。比如近期巴以冲突的爆发，很可能影响到双边贸易安全，虽然巴勒斯坦和陕西2023年的贸易往来不多，但以色列一直是陕西的重要贸易伙伴，进口及出口总额一直排在合作前列（见表2）。并且这一冲突可能会威胁到周边地区的物流通畅性，进而影响到货物和资金安全。

表2　2023年1~9月陕西与西亚进出口总量情况统计

单位：万元

贸易伙伴编码	贸易伙伴名称	进口总额	进口排名	出口总额	出口排名
101	阿富汗	14892	14	13269203	18
102	巴林	2136	17	29923308	15
108	塞浦路斯	2489956	8	33032564	14
113	伊朗	282871	10	389183276	6
114	伊拉克	50789	13	169936007	9
115	以色列	121836612	2	440646796	5
117	约旦	11378452	6	81882460	11
118	科威特	9082	15	309651715	8
120	黎巴嫩	52315	12	131427210	10
126	阿曼	114898	11	322668648	7
128	巴勒斯坦	0	19	876676	20
130	卡塔尔	141669460	1	64409906	12
131	沙特阿拉伯	5280458	7	2737656509	1
135	叙利亚	2619	16	5376636	19

贸易伙伴编码	贸易伙伴名称	进口总额	进口排名	出口总额	出口排名
137	土耳其	78746758	3	1194016835	3
138	阿联酋	69885317	4	1366823932	2
139	也门	2019	18	22332889	16
150	格鲁吉亚	1888098	9	559490040	4
151	亚美尼亚	42131557	5	50494283	13
152	阿塞拜疆	0	19	15291393	17

文化差异。陕西与西亚国家之间存在着文化、宗教等方面的差异，可能会在商业实践、社会交往等方面产生误解和摩擦，可以通过文化交流加以缓解。

经济发展不平衡。西亚地区各国家和地区之间的经济发展不平衡，存在一些相对落后的国家和地区，这可能导致经济合作伙伴发展水平不匹配问题，为了实现合作共赢，合作双方需要共同努力。

气候变化。陕西与西亚地区的农业合作是双方的重要合作领域，而气候变化可能对农业、水资源等领域造成影响。因此，需要在共建"一带一路"项目中考虑气候变化对可持续发展的影响，并采取相应措施。

四 陕西与西亚共建"一带一路"未来合作建议

以习近平主席提出的"八项行动"为基础，结合陕西和西亚地区的合作实际，未来陕西可以从以下几方面展开合作。

（一）加强政策沟通，推进政治互信

陕西与西亚各国应加强政策沟通，通过高层互访、政党交流等形式，增进政治互信。此外，应在"一带一路"倡议框架下积极开展战略对接，推进双方在基础设施建设、能源、农业、科技等领域的合作。同时，加强反恐合作，维护地区和平稳定。

建立定期高层对话机制。建立陕西与西亚各国之间的定期高层对话机制，包括政府官员、政党领袖和智库专家的交流。促进陕西省与西亚国家政党的交流与合作，通过政治观念和治国理政的交流，加深对彼此国家制度和文化的了解。

加强"一带一路"合作机制。在"一带一路"倡议框架下，建立双方合作的具体机制，包括基础设施建设、能源、农业、科技等领域的合作机制。

共建联合研究中心。在科技和农业领域建立联合研究中心，共同进行科研项目攻关、知识交流和技术创新，以共同应对气候变化、粮食安全等挑战。

加强反恐合作。建立陕西省与西亚国家之间的反恐合作机制，定期举办安全与防恐国际研讨会，并邀请双方专家学者和官员参加，共同探讨地区安全挑战和合作机制。

（二）推进贸易便利，加强产能合作

陕西与西亚各国应加强贸易和投资便利化，进一步推进陕西与西亚互联互通，加强产能合作，加强农业领域的合作，推动陕西与西亚各国在粮食安全、农业技术等方面的合作，并持续引进外资、开展数字产品贸易。

贸易便利化和互联互通。进一步简化贸易程序，提高贸易便利度，加速货物通关，提高货物流通效率，降低交易成本，提高双方产品市场准入率。支持中小企业参与跨境电商，并提供培训和技术支持，促进电商平台的发展，方便跨境贸易。继续加强中欧班列高质量发展，提高运输效率，降低运输成本，积极对接西部陆海新通道，实现高质量联运。

产能合作。鼓励陕西企业与西亚地区企业建立合资企业，共同投资装备制造和基础设施建设等项目，共享技术和资源，开发符合当地市场需求的产品。合作建立装备制造产业园区，提供优惠政策和便捷条件，鼓励西亚企业来陕西投资，共同研发和生产装备制造产品。加强新能源技术合作，推动太阳能、风能等可再生能源项目的合作，共同推进清洁能源的发展。共同投资绿色能源基础设施，与西亚国家共同研发适应当地需求的新能源车型，推动绿色交通的发展。

农业合作。与西亚各国建立稳定的农产品贸易合作关系，提供农业技术培训，鼓励科技创新，共同实现农产品高质量产出。建立粮食安全合作机制，共同研究粮食生产、储存和分发技术，确保双方的粮食供应稳定。组织农业技术交流会议，提供农业技术培训和支持，分享种植、养殖、农业机械等方面的经验，促进农业现代化，促进陕西农产品出口，与西亚地区建立稳定的农产品贸易关系，提供农产品质量保障和市场信息分享服务。

引进外资和数字产品贸易。以习近平主席在第三届"一带一路"国际合作高峰论坛讲话中"八项行动"中的"全面取消制造业领域外资准入限制"为契机，为西亚企业提供更多的投资机会，吸引更多实力雄厚的西亚企业来陕西投资。大力促进数字产品的贸易往来，鼓励陕西企业开发面向西亚市场的数字产品，推动电子产品和服务的出口，促进数字贸易的发展。

（三）加强文旅交流，促进民心相通

陕西与西亚各国应继续加强人文交流，通过教育、文化、旅游等领域的合作，促进民心相通。此外，应加强宗教、民族等领域的交流合作，推动双方在文化传承、民族团结等方面的合作。同时，进一步加强医疗卫生领域的合作，共同应对传染病、流行病等的威胁，提高人民的健康水平。

同时，以丝绸之路旅游城市联盟成立为契机，利用陕西旅游资源优势，进一步推动陕西与西亚国家文化旅游交流。

定制联合旅游线路。与西亚国家旅游机构合作，共同规划和定制跨国旅游线路，涵盖丝绸之路历史遗址、文化景点、自然风光等。这些线路可以促使游客更深入地了解两地文化，增强旅游体验，进一步吸引更多游客。

举办文化旅游推介活动。在陕西和西亚国家间定期举办文化旅游推介活动，向当地旅行社、媒体和潜在游客介绍彼此的旅游资源。通过这种活动，增加两地旅游产品的曝光度，增加游客的兴趣。

推动旅游业务互通。建立陕西和西亚国家旅游业务互通平台，覆盖酒

店、旅行社、导游服务等方面的业务，促进旅游相关企业的合作。

开展文化交流活动。举办文化展览、艺术演出、传统手工艺品展销等活动，加强两地文化交流，在娱乐的同时，加深两地文化间的友谊和认知。

加强旅游人才培训。合作开展旅游人才培训项目，培养具备跨文化沟通能力的导游和旅游从业人员。这些人才将成为文化交流的桥梁，能够更好地向游客传递两地文化信息。

推动数字化旅游合作。借助互联网和移动应用，开发丝绸之路文化旅游的虚拟体验和在线导览服务。

设立旅游文化交流基金。陕西与西亚国家合作设立旅游文化交流基金，用于支持合作项目的开展，包括旅游推广活动、文化交流展览、人才培训等。

（四）加强教育交流，推动科创融合

利用陕西高校优势，开展科技创新交流，力争与西亚共建联合实验室，进一步推动西亚青年科学家来华短期工作，以及陕西青年科学家去西亚交流。同西亚国家一同开展"一带一路"廉洁研究和培训。

拓展职业教育合作项目。利用陕西教育优势，推动陕西职业院校与西亚地区的职业教育合作，开展技能培训和文化交流等项目。

建立联合实验室。陕西的高校可以与西亚的研究机构和大学合作，共同建立新材料、环保技术、生物医学等领域的联合实验室，推动双方科研资源和创新成果的共享。

推动青年科学家交流。陕西的高校可以与西亚地区的大学签订合作协议，鼓励西亚青年科学家来陕西进行短期研究和学术交流。同时，也应该鼓励陕西的青年科学家前往西亚国家进行研究合作。

开展"一带一路"廉洁研究和培训。陕西高校可以与西亚的反腐机构和大学开展"一带一路"廉洁研究和培训项目，共同推动合作国家的廉洁治理。

建立在线教育平台。建立在线教育平台，将陕西高校的优质课程提供给

西亚地区的学生。

促进语言交流。鼓励学校在西亚地区开设中文课程，同时陕西的学校也可以提供一些阿拉伯语课程。

总之，虽然陕西与西亚在共建"一带一路"中面临挑战，但有望通过双方合作、政府间协商和多边合作等方式来应对。在陕西与西亚共建"一带一路"合作中，双方需要加强沟通，增进互信，通过合作共赢的方式实现共同发展，为地区和世界的和平与繁荣做出贡献。

B.9

2023年陕西与东盟共建"一带一路"
发展报告

金 新　亢子月　郑 妍*

摘　要:　东盟作为"一带一路"建设重点地区,对陕西深度融入共建"一带一路"大格局有着重要意义。2023年,陕西与东盟在交通运输、经济贸易、金融服务、科技教育和文化旅游等方面的合作更加深入,双方共建"一带一路"取得了重要进展。但当前双方合作也面临着一些问题与挑战。未来,陕西可从完善运输网络布局、加快对接RCEP、优化自身金融服务、充分发挥科教优势、完善文旅品牌矩阵等方面着手,更好地推进与东盟国家在共建"一带一路"中的交流与合作。

关键词:　"一带一路"　对外开放　陕西　东盟

2023年5月,习近平总书记在听取陕西省委、省政府工作汇报时强调,陕西要"更加深度融入共建'一带一路'大格局,在扩大对内对外开放中强动力、增活力,打开发展新天地"。[①] 东盟作为"一带一路"建设重点地区,对陕西更加深度融入共建"一带一路"大格局有着重要意义。近年来,陕西抓住与东盟共建"一带一路"的重要机遇,有力加快对外开放

---

* 金新,西安交通大学马克思主义学院国际问题研究中心副教授,西安交通大学亚欧研究中心研究员,研究方向为中国外交战略与对外关系、亚太国际关系与地区安全;亢子月,西安交通大学马克思主义学院国际问题研究中心研究助理,研究方向为中国经济外交;郑妍,西安交通大学马克思主义学院国际问题研究中心研究助理,研究方向为中国对外关系。

① 《习近平在听取陕西省委和省政府工作汇报时强调着眼全国大局发挥自身优势明确主攻方向奋力谱写中国式现代化建设的陕西篇章》,中国网,http://news.china.com.cn/2023-05/17/content_ 85363712. shtml,最后检索时间:2023年9月4日。

的步伐。2023年，陕西与东盟国家之间的合作持续深化，双方共建"一带一路"取得积极进展。

一　陕西与东盟共建"一带一路"新进展

（一）跨国运输网络逐步完善

2023年，陕西加快建设交通商贸物流中心，以西安为中心的"米"字形和空中放射状交通网络基本形成，[1] 客运及货运航线的逐渐增多为陕西与东盟共建"一带一路"提供了良好基础和便利条件。当前，陕西与东盟之间跨国运输网络逐步完善。一是增加了直飞客运航线。例如2023年7月18日，海航旗下长安航空新开首条国际航线，由西安始发直飞至泰国普吉。[2] 二是增加了陆空物流运输线路。在陆路运输方面，继2022年3月开通中老铁路（宝鸡—万象）国际货运列车、2022年8月开通长安号中越国际货运班列（西安—河内）后，陕西进一步畅通了连接东盟的陆路贸易通道，加强对接陆海联运通道。2023年3月，首趟西部陆海新通道（安康—东盟）铁海联运班列开行，作为新增的南向多式联运通道，填补了陕南地区与东盟方向跨境班列的空白，[3] 完善了陕西与东盟国家之间的交通运输网络。在航空物流方面，陕西加速拓展国际直飞航线。例如2023年1月8日，西北国际货运航空有限公司CO9627货运航班从西安直飞泰国曼谷，标志着陕西顺利开通"西安—曼谷"全货运包机航线。[4] 跨国运输航线的逐渐完善，为陕

---

[1]　《陕西省人民政府办公厅关于印发"十四五"深度融入共建"一带一路"大格局、建设内陆开放高地规划的通知》，陕西省人民政府门户网站，http://www.shaanxi.gov.cn/zfxxgk/fdzdgknr/zcwj/nszfbgtwj/szbf/202208/t20220808_ 2235761_ wap.html，最后检索时间：2023年9月4日。

[2]　《西安至泰国普吉新增一条直飞航线》，陕西一带一路网，https://snydyl.shaanxi.gov.cn/article/57471.html，最后检索时间：2023年9月4日。

[3]　《首趟西部陆海新通道（安康—东盟）铁海联运班列开行》，陕西一带一路网，https://snydyl.shaanxi.gov.cn/article/54927.html，最后检索时间：2023年9月4日。

[4]　《国际直飞航线逐步恢复西安出境游市场持续回暖》，新华网，http://sn.news.cn/2023-02/21/c_ 1129383278.htm，最后检索时间：2023年9月4日。

西与东盟的经贸合作和人员往来提供了重要保障，大大提高了双方共建"一带一路"的合作效率。

（二）经济贸易合作稳步增强

随着陕西对外开放步伐加快，陕西与东盟在经贸合作领域取得了显著进展。第一，双方经贸合作发展迅速，规模不断增大。2022年陕西与主要贸易伙伴进出口贸易中，对东盟贸易额增速排名第一，同比增长44.5%，[①] 总值达660.1亿元。2023年东盟跃升为陕西进出口第一大贸易伙伴，上半年陕西对东盟进出口同比增长30.9%，增速明显高于对欧盟、美国、日本等传统市场的进出口增速。[②] 2023年1~8月，陕西对东盟进出口额约436.4亿元，占全省进出口总值的16.8%，其中出口额334.4亿元、进口额102亿元，贸易顺差明显。对比2022年和2023年1~8月陕西对东盟进出口数据可发现，2023年2~4月进出口增速较快（见图1），前8个月较上年同期平均增长15.95%，双方贸易稳步提升，经贸合作前景良好。此外，除菲律

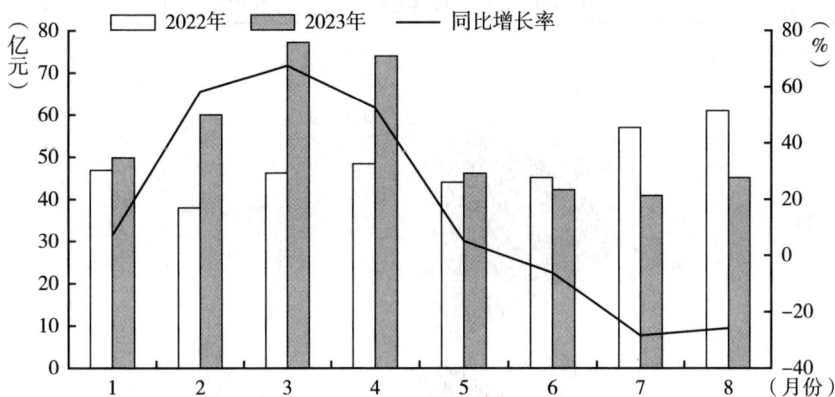

图1　2022年、2023年1~8月陕西对东盟进出口值及同比增长率

资料来源：西安海关。

---

① 《陕西省人民政府新闻办公室举办新闻发布会介绍陕西省助力企业拓市场重点境外展会有关情况》，陕西省人民政府门户网站，http://www.shaanxi.gov.cn/szf/xwfbh/202303/t20230329_2280208.html，最后检索时间：2023年9月4日。

② 《陕西对外贸易促稳提质"新三样"出口表现亮眼》，中新网，https://www.ncdyrs.com/n/44468.html，最后检索时间：2023年9月4日。

宾、新加坡和文莱,陕西与其余东盟国家进出口同比均保持正向增长(见表1)。其中,陕西同马来西亚、新加坡、印度尼西亚、越南进出口贸易较多,在东盟国家中占比分别为45%、15%、14%、12%(见图2)。

表1　2023年1~8月陕西对东盟进出口贸易

单位:亿元,%

国家	进出口		出口值	进口值
	进出口值	同比		
马来西亚	198.5213	7.3797	156.8599	41.6614
印度尼西亚	62.4190	99.3361	20.7163	41.7027
泰国	23.8186	20.0882	22.3605	1.4581
菲律宾	12.1705	−36.0133	8.0365	4.1339
新加坡	64.5774	−20.4871	55.6238	8.9535
文莱	0.1086	−29.2179	0.1085	0
越南	51.6045	37.5131	50.1260	1.4785
老挝	3.4986	10.0594	2.5795	0.9190
缅甸	4.0661	45.5966	2.4901	1.5761
柬埔寨	15.5504	162.2205	15.5248	0.0256
东帝汶	0.0201	100.9323	0.0197	0.0004

资料来源:西安海关。

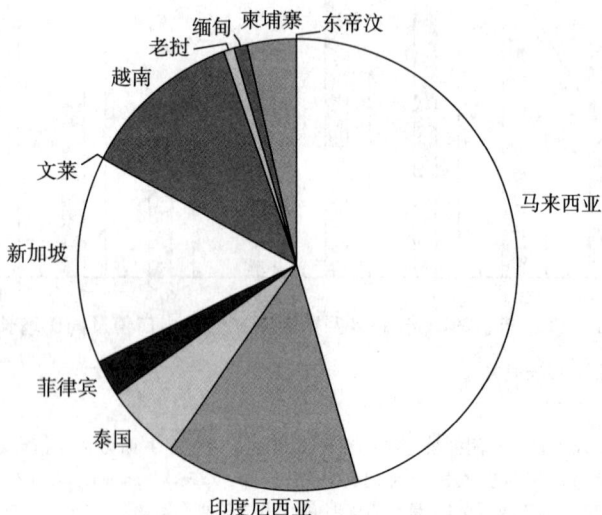

图2　2023年1~8月陕西对东盟各国进出口占比

资料来源:西安海关。

第二，陕西省不断提升国际产能合作发展水平，大力发展新一代信息技术和新能源、新材料产业，对东盟外贸结构持续优化。2023年上半年，陕西大力推动"新三样"出口，新能源汽车、锂离子蓄电池、太阳能电池出口额合计207.7亿元人民币，同比增长7.5%。[①] 其中，新能源汽车作为陕西省的重要支柱产业，在陕西同东盟开展贸易合作中发挥重要作用。例如，陕西法士特汽车传动集团有限责任公司积极融入"一带一路"倡议，于2023年将法士特新一代新能源动力总成引入泰国市场，成功获得500台新能源动力总成的订单。[②]

第三，陕西省政府对经贸合作的配套服务不断完善升级。一方面，积极搭建新平台释放 RCEP 政策红利。2023年5月31日，陕西自贸试验区RCEP 企业服务中心在西咸新区空港新城揭牌，目前空港新城已开通直达曼谷等地的6条 RCEP 国家全货运航线和第五航权航线，[③] 这不仅为完善陕西与 RCEP 成员国合作机制提供了重要基础，也为省内企业在 RCEP 框架下拓展与东盟国家经贸合作提供了便利条件。另一方面，利用国际展会大力支持企业开拓国际市场。陕西依托丝绸之路国际博览会、杨凌农业高新科技成果博览会等平台，为企业对外合作提供更多机遇。2022年7月，西安市贸促会组织企业参加第20届中国广西—东盟食品糖酒博览会，[④] 提高了西安食品品牌在东盟国家的知名度。

（三）金融服务能力有所提升

在共建"一带一路"进程中，陕西积极完善金融服务，为与东盟的经

---

① 《陕西对外贸易促稳提质 "新三样"出口表现亮眼》，中新网，https：//www.ncdyrs.com/n/44468.html，最后检索时间：2023年9月4日。

② 《法士特：融入"一带一路"迈向全球高端》，西部网，http：//news.cnwest.com/sxxw/a/2023/05/29/21543059.html，最后检索时间：2023年9月4日。

③ 《西北首个省级 RCEP 企业服务中心启用》，陕西省人民政府门户网站，http：//www.shaanxi.gov.cn/xw/sxyw/202306/t20230602_ 2288563.html，最后检索时间：2023年9月4日。

④ 《西安市贸促会组织企业参加第20届中国广西—东盟食品糖酒博览会》，陕西一带一路网，https：//snydyl.shaanxi.gov.cn/article/52015.html，最后检索时间：2023年9月4日。

济金融合作提供了助力。一方面，陕西逐步完善自身金融服务，本外币结算一体化取得阶段性成效。2022年12月，西安市正式启动本外币合一银行结算账户体系试点，① 多币种结算、账户管理、开户办理等多项金融服务功能得到优化。陕西省持续深化银行账户管理体制改革，有力推动陕西与东盟的贸易投资结算便利化水平不断提高。另一方面，陕西通过畅通跨境金融政策传导、落实汇率避险机制等方式，积极推动人民币跨境业务增长。截至2023年上半年末，陕西与东盟、日韩、台湾地区的人民币跨境收付达1154.09亿元，占全省跨境人民币收付的23.17%，② 人民币跨境业务增长高于全国平均增长水平。金融服务能力逐渐增强为陕西与东盟在"一带一路"建设中依托跨境金融服务平台，开展多领域投融资合作提供坚实基础，也为双方有效管控汇率风险提供重要保障。同时，陕西坚持落实稳定经济政策，积极助力实体经济发展，为与东盟开展金融合作提供了良好的经济环境。

（四）科技教育合作继续深化

当前，陕西"一带一路"科技教育中心的辐射带动作用不断增强，与东盟的科技教育合作持续深化。在科技合作方面，陕西大力推动秦创原创新驱动平台建设，统筹科技资源，增强与共建"一带一路"国家和地区在科技创新、产业对接、成果转化等方面的交流合作。目前，陕西秦创原总窗口国际科技创新交流合作联盟已经成立，③ 西咸新区对外依托中国—东盟技术转移联盟，鼓励科技型企业承接东盟各国创新需求，加强国际技术合作，④ 为双方科技创新成果落地提供资金、服务支持。陕西还积极参与中国—东盟

---

① 《西安市启动本外币合一银行结算账户体系改革试点》，西部网，http://finance.cnwest.com/cjzx/a/2022/12/15/21130268.html，最后检索时间：2023年9月5日。

② 《人行西安分行：2023年上半年陕西跨境人民币业务创新高》，移动支付网，https://www.mpaypass.com.cn/news/202308/08123654.html，最后检索时间：2023年9月5日。

③ 《秦创原总窗口国际科技创新交流合作联盟成立》，陕西一带一路网，https://snydyl.shaanxi.gov.cn/article/58062.html，最后检索时间：2023年9月8日。

④ 《【西咸新区】争创国家科技成果转移转化示范区》，陕西省人民政府门户网站，http://www.shaanxi.gov.cn/xw/ldx/ds/202303/t20230328_2279882.html，最后检索时间：2023年9月5日。

科技交流会展，不断拓展合作机会。2023 年 7 月，陕西省科技厅组织企业参加第十一届中国—东盟技术转移与创新合作大会，会上展示了陕西在人工智能、工业设计等方面的新成就，并向东盟国家积极开展数字技术推介，有效推动了陕西企业与东盟国家的技术合作。[①]

在教育合作方面，陕西依托丰富的高校资源，开展中外联合培养项目，积极吸引东盟国家留学生。随着丝绸之路大学联盟和"一带一路"职教联盟的影响力提升，陕西西安日益成为东盟国家学生出国留学的重要目的地之一。陕西积极利用这一机遇，与东盟国家加深教育交流与合作。例如，西安外国语大学与印度尼西亚泗水国立大学等十余所高校建立交流合作关系，加强建设泰语、马来语、印尼语、菲律宾语等语种专业，[②] 为陕西与东盟共建"一带一路"培养语言人才。陕西工业职业技术学院承办了 2022 年中国—东盟职业教育能力建设活动，[③] 为加快建设职业教育合作平台发挥了积极作用。

（五）文化旅游合作持续推进

陕西省与东盟国家都具有丰富的旅游资源和文化遗产，双方长期保持友好的人文交流。2023 年，陕西以"一带一路"国际旅游文化中心建设为基础，与东盟国家的文化旅游合作持续推进。第一，随着跨境游回温，西安游客海外旅行订单迅速增长。根据《2023 年春节旅游总结报告》，春节期间西安游客的出境游订单量同比增长 352%，其中曼谷、新加坡、吉隆坡、清迈、马尼拉、巴厘岛等东南亚城市成为西安旅客的首选目的地。[④] 第二，陕

---

① 《省科技厅组织参加第十一届中国—东盟技术转移与创新合作大会》，陕西省科学技术厅门户网站，https：//kjt. shaanxi. gov. cn/kjzx/gzdt/310849. html，最后检索时间：2023 年 9 月 5 日。

② 《西安外国语大学：为"一带一路"培养复合型人才》，陕西一带一路网，https：//snydyl. shaanxi. gov. cn/article/57932. html，最后检索时间：2023 年 9 月 5 日。

③ 《陕西工业职业技术学院承办 2022 年中国—东盟职业教育能力建设活动》，陕西一带一路网，https：//snydyl. shaanxi. gov. cn/article/53628. html，最后检索时间：2023 年 9 月 5 日。

④ 《西安位列景区人气前十城市榜首》，陕西一带一路网，https：//snydyl. shaanxi. gov. cn/article/54180. html，最后检索时间：2023 年 9 月 5 日。

西坚持立足本土优秀文化,打造并推广特色文艺作品和品牌项目。例如,西安市举办了第八届丝绸之路国际艺术节,策划了泰国文化日、非遗活动展演等专题活动,① 吸引了众多国家参与。2023 年 4 月,丝路文化主题公园——丝路欢乐世界开始运营,6 月,多国驻华外交官前往参观,② 各类主题作品展区成为生动的丝路文化展示平台。第三,陕西积极邀请东盟国家不同群体来陕参观,感受本地独特且深厚的文化魅力。2023 年 3 月,西安线上举办了"中华文化大乐园——亚洲园"的开园仪式,来自马来西亚、缅甸等国家的华裔青少年受邀参加,③ 陕西的地域文化特色在活动中得到充分展示。2023 年 6 月,马来西亚以中马建立全面战略伙伴关系 10 周年为契机,组织在华留学生参访西安,④ 增进了两国青年的文化交流。此外,陕西高度重视文化国际传播能力建设。2023 年 4 月,陕西省侨联组织了"追梦中华·华夏寻根"2023 海外华文媒体陕西采访行活动,⑤ 通过让来自马来西亚、菲律宾等部分东盟国家的海外华文媒体工作者亲身感受陕西建设成就与优秀传统文化,将陕西魅力传播给东盟及世界。

二 陕西与东盟共建"一带一路"面临的问题与挑战

(一)交通运输规模有限,运营质量有待提升

近年来,陕西"一带一路"交通商贸物流中心建设取得显著成就,但

---

① 《第八届丝绸之路国际艺术节入选文化和旅游活动热度榜单》,陕西一带一路网,https://snydyl. shaanxi. gov. cn/article/54261. html,最后检索时间:2023 年 9 月 5 日。

② 《"丝绸之路"文化旅游主题参访活动举行驻华外交官:"期待西安带给我们更多惊喜"》,陕西一带一路网,https://snydyl. shaanxi. gov. cn/article/55955. html,最后检索时间:2023 年 9 月 5 日。

③ 《300 余名华裔青少年"云游"古都西安感受传统文化魅力》,陕西一带一路网,https://snydyl. shaanxi. gov. cn/article/54654. html,最后检索时间:2023 年 9 月 5 日。

④ 《"丝路长安 筑梦未来"活动在西安举办》,陕西一带一路网,https://snydyl. shaanxi. gov. cn/article/56049. html,最后检索时间:2023 年 9 月 5 日。

⑤ 《"追梦中华·华夏寻根"2023 海外华文媒体陕西采访行收官》,陕西一带一路网,https://snydyl. shaanxi. gov. cn/article/55063. html,最后检索时间:2023 年 9 月 5 日。

联通东盟、高效便捷的海陆空网综合大通道尚未建成。在交通线路方面，陕西到东盟的航空直运线路总体规模较小，目前直飞航线仅有西安—曼谷、西安—新加坡两条。此外，陕西陆海联运直通线路数量偏少。陕南地区在西部陆海新通道向南连接东盟线路中具有重要地理位置优势，但当前仅有安康铁海联运班列连接东盟地区，同广西钦州港航线联系有所不足，陆海联运建设仍处于起步阶段。在物流运输方面，当前的运输网络也有待完善。陕西重要城市的物流枢纽建设较不均衡，西安港与东部地区联合组织运营能力亟须提高。另外，陕西还需加强陆港空港的数字信息对接，保障陕西与东盟运输信息的互联互通。

（二）经贸结构有待优化，配套服务仍需加强

在"一带一路"建设中，陕西参与国际分工程度及外向型经济水平有所提高。2023 年 1 月至 8 月，陕西一般贸易进出口占比为 42.36%，加工贸易占比为 44.80%。[①] 但陕西要深入推进与东盟共建"一带一路"，进出口贸易结构尚有待进一步优化。陕西出口产品中农产品、工业原材料等初级产品及机电产品占比较大，新能源产品出口占比较小，其中新能源汽车出口增长率虽位于前列，但出口值占比仅为 1.31%，[②] 而高端机械设备及高新技术产品进口比重较大。此外，受国际政治经济不稳定因素影响，陕西外经贸企业存在客户流失、订单减少、业务萎缩等实际问题，[③] 亟须政府支持，增强合作配套服务。当前陕西正值服务贸易转型升级的关键时期，需要进一步加大同东盟国家的信息技术服务出口规模。同时，陕西需要提高与东盟的贸易安全和通关便利化水平，畅通双方贸易通道。

---

① 数据来源：根据西安海关发布数据计算而得。
② 同上。
③ 《陕西省人民政府新闻办公室举办新闻发布会介绍陕西省助力企业拓市场重点境外展会有关情况》，陕西省人民政府门户网站，http://www.shaanxi.gov.cn/szf/xwfbh/202303/t20230329_ 2280208.html，最后检索时间：2023 年 9 月 5 日。

（三）金融合作规模较小，RCEP红利尚待释放

丝绸之路金融中心是陕西省"一带一路""五大中心"建设的重要保障，金融环节的改革创新和高效发展为各领域持续开放提供动力源泉。近年来，陕西省商务厅会同省财政厅修订印发陕西省《外经贸发展促进资金政策指南》，[①] 为陕西提升金融开放水平提供科学指引。但目前就陕西与东盟共建"一带一路"的金融合作来看，仍存在不足之处。一是双方金融合作参与主体有限。当前陕西与东盟国家的金融合作大多以政府为主导，地方金融机构与东盟国家金融机构合作不足。目前金融创新及政策试点多集中在银行，保险公司、基金公司等金融机构参与较少。二是金融创新服务未常态化。目前陕西省人民币跨境业务不断增长，亟须进一步打造符合东盟国家需求的专业化、特色化金融产品和金融服务。同时陕西需要加快与东盟国家的数字金融服务平台建设，保障双方金融信息高效流通、及时对接。三是RCEP政策红利有待进一步释放。RCEP具有贸易、产业、制度、发展等多重红利，各要素之间高度关联。[②] 目前RCEP为陕西与东盟的金融合作带来更大空间和新的机遇，但从现实来看双方金融合作尚处于起步阶段。例如，陕西的金融要素在电子信息、新能源等优势产业中聚集力度不足，不利于进一步提升其在东盟国家贸易中的产业链供应链地位。此外，在推动空港新城与陕西自贸试验区RCEP企业服务中心建设的同时，金融服务对其他陆海联运方式的支持与保障还需加强，否则不利于进一步对接RCEP区域物流网络。

（四）科教合作力度不足，合作领域有待拓展

陕西科教资源丰富，但与东盟的合作交流相对偏少，且存在部分问题。

---

① 《各地惠享RCEP红利 | 陕西：走特色路经贸合作踏新程》，中华人民共和国商务部门户网站，http://www.mofcom.gov.cn/article/tj/tjqt/202210/20221003360644.shtml，最后检索时间：2023年9月5日。

② 《RCEP要积极发挥多重红利集成效应》，中国日报网，https://cn.chinadaily.com.cn/a/202307/15/WS64b21ceda3109d7585e4503c.html，最后检索时间：2023年9月6日。

第一，双方文教资源并未充分调动。目前，陕西省共拥有国家重点实验室28所，省重点实验室208家，① 百强高校数量位居全国第五，西部地区第一，② 科教资源的质量与数量在全国均名列前茅；东盟方面，新加坡和马来西亚等国科教发展水平相对较高，但也有部分国家发展不充分，总体而言双方科教合作空间较大。然而，目前双方科教合作偏少，规模较小，合作方式较为传统，限制了科教资源优势的充分发挥。第二，科技合作多以政府和企业交流为主，转化效果欠佳。当前，双方企业间的自主交流、联合研究、技术转移与成果转化进展较慢，秦创原创新驱动平台作为与东盟进行科技合作的对接平台，效能尚有进一步释放的空间。第三，双方科技发展重点各有异同，合作空间仍待发掘。根据陕西省"十四五"规划纲要，陕西省重点发展壮大的新兴产业有信息技术、高端装备、新能源汽车、新材料、新能源、绿色环保、人工智能、氢能、未来通信技术、北斗导航、生命健康等。③ 这与东盟国家产业发展重点，例如新加坡的信息通信产业和生物医学产业，马来西亚的计算机和工程科学，泰国的汽车制造和生物技术，印度尼西亚的食品和资源型产业，菲律宾的基建产业以及灾难风险预防等，④ 有交叉亦有区别。陕西与东盟均重视新兴产业的发展，也存在产业布局上的差异，双方进行科技合作的空间尚待充分挖掘。

（五）文旅品牌建设不足，宣传效果有待提升

陕西因其特有的历史文化底蕴在文化旅游方面具有得天独厚的丰富资源，但省内文旅品牌对东盟游客的吸引力和影响力仍然受到一系列因素的制

① 《对省政协十三届一次会议第 12 号提案的答复函》，陕西省科技厅门户网站，https：// kjt. shaanxi. gov. cn/zwgk/yabl/zctabl/2023zxta/312976. html，最后检索时间：2023 年 9 月 22 日。
② 《陕西百强高校数量位居全国第 5 西部第 1》，陕西一带一路网，https：//snydyl. shaanxi. gov. cn/，最后检索时间：2023 年 9 月 23 日。
③ 《陕西省国民经济和社会发展第十四个五年规划和二〇三五年远景目标纲要》，陕西省发展和改革委员会门户网站，http：//sndrc. shaanxi. gov. cn/web. files/uploadfile/J77VFn/ue/file/20221202/1669970675049006790. pdf，最后检索时间：2023 年 9 月 22 日。
④ 王雯婧、曾静婷：《东盟重点研究学科、产业政策分析及对中国国际科合作的启示》，《科学管理研究》2020 年第 5 期。

约。第一，内容规划相对单一，缺少针对东盟的本土化设计。东盟游客与国内游客相比具有不同的文化背景和旅游期待，然而当前西安旅游市场并未做到针对不同的细分市场开发个性化的旅游产品，缺乏针对东盟游客的本土化旅游产品设计，从而影响东盟游客满意度的提升。第二，合作方式单一，本省主办项目较少。陕西与东盟的文旅合作多通过政府组织代表团参加中国—东盟文旅类博览会的方式进行，文旅项目举办的自主性不够，文旅资源优势未得到充分发挥。第三，宣传效果欠佳，东盟国家对陕西关注度不高且关注范围较窄。例如西安市在国际旅游宣传时多立足于自身视角，介绍西安的历史文化与城市发展，忽略了不同国家受众的个性化需要。此类宣传使西安在东盟媒体中呈现以下形象：中国西北地区城市、陕西省省会的区位形象；贸易往来、地产投资城市形象；旅游城市形象；古都形象。[1] 这种城市形象相对单薄、同质，不易对游客形成充分的吸引力。东盟媒体对西安报道大致可分为城市发展、酒店与地产、贸易、历史、旅游等五个主题，其中旅游仅占9%,[2] 东盟国家民众对陕西的文化旅游关注度仍有待提升。

三 陕西与东盟共建"一带一路"的优化路径

（一）结合双方运输需求，完善运输网络布局

高效便捷的交通枢纽和物流中心是推进陕西与东盟共建"一带一路"的重要基础。当前，双方需要更加深入了解运输需求，持续完善双方的跨国运输网络布局。第一，加强航空线路建设，针对东盟国家优化航空运输布局。陕西要推动国际航空枢纽建设，首先需要加快恢复受疫情等多种因素影响而停飞的国外航线。当前陕西与东盟国家直飞航线较少，航运中转成本较大，为此应加快推进西安咸阳国际机场的三次扩建工程，同时加快安康、汉中等

---

[1] 厉文芳、汪顺玉：《东盟媒介中的西安城市形象——基于 LexisNexis 新闻数据库的文本挖掘》，《新闻知识》2021 年第 10 期。

[2] 同上。

地机场升级扩建，进一步拓展直飞航线。在此基础上，应综合考虑东盟整体的航空运输布局，提升双方航运物流信息的互联互通，加强陕西与东盟在空中丝绸之路与数字丝绸之路方面的合作对接。第二，对接国际贸易通道，针对东盟国家完善陆路运输布局。针对陕西与东盟之间的国际贸易需求，加快建设西安、宝鸡等地的重点物流枢纽，系统推进汉江航道改造，加速形成内畅外达、"陆水空"一体的综合交通枢纽。加强陕南地区高铁项目建设，强化西部陆海新通道班列常态化运行，提升西部陆海新通道安康集结分中心运行质效，进一步畅通陕西连接东盟的货物贸易渠道。第三，加强省内相关交通设施建设，深化与其他省市的交通物流协作。推动陕西与东盟共建"一带一路"，需要推进交通物流运输通道对接陕西本土资源，加强统筹陕西各地基础设施建设及交通网络建设，充分利用好省内现代交通网络增进与东盟的互联互通。同时，陕西还需要强化与临近地区及东部沿海地区的协作，为加强同东盟国家紧密联系提供"省内枢纽+毗邻城市+海外支点"① 的有力支撑。

（二）加快对接 RCEP，深化双方经贸合作

在中国—东盟自由贸易区稳步发展及 RCEP 全面生效背景下，陕西需要紧抓机遇，深化与东盟国家的经贸合作。为巩固双方合作基础，探索新兴合作机遇，陕西需要加快落实 RCEP 政策，进一步拓展与东盟国家合作的广度和深度。第一，深化传统经贸合作，推动外贸进出口稳步增长。一直以来，陕西的农业、装备制造业、电子通信业在东盟大部分国家具有比较优势，而东盟国家的热带水果、冰鲜产品在陕西也具有广阔市场，双方传统合作基础良好，需要巩固和强化双方的贸易伙伴关系。陕西需要不断扩大同东盟国家在物流、旅游、投资等方面的合作，并进一步提高陕西企业的国际化经营水平。同时，陕西可以利用好国际展会等传统合作模式，加强监督管理工作，

---

① 《陕西省人民政府办公厅关于印发"十四五"深度融入共建"一带一路"大格局、建设内陆开放高地规划的通知》，陕西省人民政府门户网站，http://www.shaanxi.gov.cn/zfxxgk/fdzdgknr/zcwj/nszfbgtwj/szbf/202208/t20220808_ 2235761_ wap.html，最后检索时间：2023年9月4日。

保障双方贸易安全与质量。第二，发挥新兴产业优势，继续优化对外贸易结构。近年来，陕西信息技术服务、新材料、新能源等新兴产业发展迅速，但在对东盟出口额中占比较少。陕西可加快发挥新兴产业优势，支持"新三样"龙头企业"走出去"，同时加强与东盟在光伏产业、能源化工等领域的合作，促进双方新能源产业园区建设，不断优化双方贸易结构。第三，设置专门工作小组，提升原产地签证便利化水平。陕西需要不断拓展双方贸易平台，在RCEP红利下推进西安"一带一路"综合试验区在进出口绿色通道、法律咨询服务、知识产权保护等方面的建设，根据所提供的不同贸易服务设置专门工作小组，提升双方贸易便利化水平。同时，加强在西安、延安等地的跨境电商综合试验区建设，深化双方在经贸领域共建数字丝绸之路的交流与合作。

（三）优化自身金融服务，加强双方金融合作

在陕西与东盟共建"一带一路"进程中，金融平台和金融服务不可或缺。在RCEP政策红利下，陕西需进一步拓展金融平台，完善金融服务，深化同东盟国家的金融合作。第一，推出激励性退税优惠政策。陕西应充分利用RCEP产业贸易红利，积极出台激励性退税优惠政策，促使新能源、工程机械等产品的出口退税更加高效便利。鼓励企业运用原产地累积原则，灵活选择供应商，推动陕西企业在与东盟国家经济合作中实现供应链的升级与再造。第二，推进与东盟国家人民币跨境收付。可促进本土金融机构与东盟国家金融机构的交流合作，推动陕西金融机构在东盟驻点并引进东盟金融机构的相关部门，做好金融政策的沟通对接，提升人民币跨境收付效率，助力双方企业投融资更加便利。紧跟东盟国家的客户需求，持续完善跨境人民币金融服务，创新以新兴产业为基础的跨境人民币融资金融产品，争取使人民币逐步成为陕西涉外结算的主要币种。[①] 第三，继续创新本外币合一银行结算

---

① 《人行西安分行：2023年上半年陕西跨境人民币业务创新高》，移动支付网，https：//www.mpaypass.com.cn/news/202308/08123654.html，最后检索时间：2023年9月5日。

账户服务。当前陕西本外币合一银行结算账户体系试点已取得一定成效，未来还需加强对试点单位的评估考核，提升风险管控水平，同时提升保险、证券等金融机构的配套服务能力。此外，还需加强各类金融服务与 RCEP 区域物流网络的对接，提升陕西与东盟交通物流融资的应用场景增量。

（四）充分发挥科教优势，深入推进科教合作

陕西可深入挖掘本省科教优势，开展多层次交流合作。具体可着重从两个方面着手。一是加强陕西与东盟高校、研究机构和企业在重工业、新兴产业、航天等领域的科技交流。例如，可通过与东盟高校成立联合研究所、举办学生交流项目、召开相关论坛等方式，搭建合作平台，充分开展与东盟的科教合作。尽管东盟各国经济实力有限，但对于重大科技基础设施同样有较大需求，而且其在海洋、新能源、新材料、生物医药等领域拥有较丰富的资源，可以为研究工作的开展提供有力支撑。[①] 陕西有必要大力支持双方高校及科研院所之间的自主交流与联合研究，推动企业间的技术转移，加快实现高新科技从研究到生产的成果转换，从而更好地凝聚双方科技优势，为经济社会发展提供科技支撑。二是发挥本省科教优势，推进与东盟国家的科技基地园区建设和特定项目合作。依托秦创原创新驱动平台，建设与东盟进行科技合作的研究基地，构建合作机制，促进双方协同发展。同时，加强重点项目合作，推进陕西与东盟数字技术对接，助力陕西省项目、技术向东盟国家辐射推广，进一步推进双方联动协同进行科技创新，为科技赋能双方经济社会发展夯实基础。

（五）完善文旅品牌矩阵，搭建文化沟通桥梁

陕西可完善文旅品牌矩阵，为对外交往提质增效。具体而言，需从内容和方式两方面着手。在内容层面，陕西需要结合陕西本土文化特征与东盟国

---

① 廖文龙、翁鸣、陈晓毅：《"一带一路"倡议下中国—东盟科技合作对策研究》，《广西社会科学》2020 年第 9 期。

家文化背景，打造针对东盟游客的个性化旅游产品，形成面向东盟市场的文化旅游品牌矩阵。当前，东盟国家民众对陕西省省会西安市的印象多集中在地方特色饮食方面，尤其是清真食品，① 其关注点深受部分东盟国家伊斯兰教信仰的影响。陕西可利用自身的伊斯兰教和佛教文化资源提升其对东盟游客的吸引力。同时，陕西省可针对东盟游客开展调研，了解其旅游偏好，针对性地开发更加符合市场需求的个性化旅游产品。在方式层面上，陕西需要采用多元渠道加强与东盟当地传媒机构、旅游业界及华人社团的合作。当前，陕西在东盟的知名度仍然有待提升，且东盟国家对陕西的关注面也有待拓宽。陕西有必要加强与东盟当地传媒机构及旅游业团体的合作，利用网络媒体平台加强宣传，提升东盟游客来陕旅游意愿。同时，不少东盟国家有规模颇大的华人群体，这部分华人具有较强的经济实力及政治影响。陕西可针对性地加强侨务工作，充分动员陕西籍东盟华侨华人，加强旅游合作和文化交流，搭建文化沟通桥梁。

① 厉文芳、汪顺玉：《东盟媒介中的西安城市形象——基于 LexisNexis 新闻数据库的文本挖掘》，《新闻知识》2021 年第 10 期。

平台篇 ⫸

B.10
首届中国—中亚峰会报告

王晓娟*

摘　要： 2023 年，首届中国—中亚峰会在陕西省西安市成功举办，在中国同中亚国家关系发展史上具有里程碑意义。峰会成立了中国—中亚元首会晤机制，发布了《中国—中亚峰会西安宣言》，达成了《中国—中亚峰会成果清单》，为指导构建中国—中亚命运共同体指明了方向。本报告从开放通道建设、推动产能合作、加强民心相通三方面提出了陕西落实《中国—中亚峰会西安宣言》的对策建议。

关键词： 中国—中亚峰会　"一带一路"　陕西

一　首届中国—中亚峰会简介

2023 年 5 月 18 日至 19 日，首届中国—中亚峰会在陕西省西安市成功举

---

* 王晓娟，陕西省社会科学院金融研究所副研究员，研究方向为区域经济、金融投资。

办，国家主席习近平主持峰会，同中亚五国领导人共商合作大计。这是2023年中国首场重大主场外交活动，也是中国和中亚建交31年来，六国元首首次以实体形式举办峰会，在中国同中亚国家关系发展史上具有里程碑意义。峰会期间，中国同中亚五国达成了包括《中国—中亚峰会西安宣言》《中国—中亚峰会成果清单》等在内的7份双多边文件，签署了100余份各领域合作协议，成果之丰、内容之实、影响之大前所未有，为深化中国—中亚关系提供了新动力，为扩大各领域交流合作搭建了新平台，为深化互利共赢开辟了新前景，为维护国际公平正义贡献了新力量，为发展中国家团结自强树立了新典范，是中国—中亚关系史上一座新的历史丰碑。以举办这次峰会为契机，正式成立中国—中亚元首会晤机制，每两年举办一次，轮流在中国和中亚国家举办。西安作为古丝绸之路的起点，首次举办中国—中亚峰会高级别主场外交活动，这是一次千载难逢的发展机遇，是向全世界展示中国气派、陕西风采、西安形象的重要窗口。

二 中国—中亚峰会举办的背景和意义

（一）背景

中亚五国是中国的友好邻邦，是共建"一带一路"、打击"三股势力"等诸多领域的重要合作伙伴。当前，世界进入新的动荡变革期，世界和平与发展面临严峻挑战。如何在新形势下进一步推进中国同中亚国家关系，巩固中国同中亚合作的成果，提升机制化水平，是中国外交面临的重大课题之一。2020年7月，"中国+中亚五国"首次外长会晤以视频方式举行，各方商定建立"中国+中亚五国"外长会晤机制，携手应对挑战，描绘发展蓝图，共谋地区繁荣。2021年5月举行的"中国+中亚五国"外长第二次会晤是新冠疫情期间中方首次主办的多边外长会议，会晤达成多项共识和成果。在全球疫情肆虐情况下，六国外长依然风雨无阻举行线下会晤，体现各方对该机制的高度重视和坚定信心。2022年1月，中国和中亚五国举办建交30

周年视频峰会。六国元首共同宣布打造中国—中亚命运共同体，中国同中亚合作机制应运而生，双方战略互信迈上新台阶，中国中亚关系和地区合作发展呈现前所未有的勃勃生机。同年6月"中国+中亚五国"外长第三次会晤期间，六国一致同意建立"中国+中亚五国"元首会晤机制，加快打造中国—中亚命运共同体。2023年5月8日，外交部发言人华春莹宣布：中国—中亚峰会将于5月18日至19日在陕西省西安市举行。2023年5月16日，中国—中亚峰会新闻中心启用。5月16日下午，中国—中亚峰会新闻中心举行首场吹风会。中国贸促会国际联络部负责人杨晓军在吹风会上介绍，作为中国—中亚峰会的配套活动，中国贸促会将于5月19日下午与陕西省人民政府共同在西安市国际会展中心举办中国—中亚实业家委员会成立大会。

（二）意义

一是当今全球地缘政治冲突频发，世界经济发展面临越来越多的不确定性，在此背景下举办中国—中亚峰会，展示出各方谋求和平与发展、加强合作与交流、共促地区繁荣的决心与愿望，为破解世界发展难题注入正能量。中国—中亚峰会的成功举办，进一步拓展了全方位合作，推动彼此关系再上新台阶，为地区和世界和平稳定、繁荣发展作出贡献。

二是中国—中亚峰会是一场历史与未来交融的盛会，为构建更加紧密的中国—中亚命运共同体指明了方向，在中国—中亚关系史上具有里程碑意义。中国—中亚峰会是一个由中亚国家共同发起的高级别对话机制，旨在加强地区间的合作与发展。成员国包括哈萨克斯坦、吉尔吉斯斯坦、塔吉克斯坦、土库曼斯坦和乌兹别克斯坦。中国—中亚峰会的举办有助于增进成员国之间的政治互信，推动经济合作，加强文化交流，并寻求在共同关心的领域达成共识。中国同中亚国家关系有着深厚的历史渊源、广泛的现实需求、坚实的民意基础，六国携手建设守望相助、共同发展、普遍安全、世代友好的中国—中亚命运共同体，为下一步中国与中亚国家关系发展，深挖合作潜力，推动共建"一带一路"倡议与五国发展战略对接指明了方向。

三是中国—中亚峰会开启了各国互利合作的新时代。中国与中亚国家经济互补性强，"一带一路"倡议契合各方共同的发展需求。在共建"一带一路"合作框架下，中国—中亚合作质量高、领域宽、发展速度快，切实推动各方经济多元化、基础设施便利化，助力中亚国家在现代化征程上不断迈进。

四是西安是中国古代文明的发源地之一，拥有丰富的历史和文化遗产。作为丝绸之路的起点，西安曾是东西方之间的重要贸易中转站，促进了不同文明的交流和融合。举办中国—中亚峰会将进一步彰显西安的文化魅力和区域合作潜力。首先，通过中国—中亚峰会的平台，西安将与中亚国家建立更紧密的合作关系，促进经贸往来和人员交流。其次，中国—中亚峰会将为西安提供一个展示其文化遗产和旅游资源的机会，吸引更多中亚国家的游客和投资者。此外，通过文化交流和合作，西安还能在教育、科技、艺术等领域与中亚国家共同发展。

三　中国—中亚峰会的成果和重要贡献

（一）成立中国—中亚元首会晤机制，扎实高效推进六国全方位、深层次合作

此次峰会对中国—中亚机制进行了立柱架梁和全面布局。中国和中亚国家元首同意以举办这次峰会为契机，正式成立中国—中亚元首会晤机制，每两年举办一次，轮流在中国和中亚国家举办。中国—中亚元首会晤机制是和平、发展、共赢的机制，是中国同中亚国家相向而行的结果。这一机制因应地区形势变化，顺应时代发展潮流，呼应各国人民心声，具有强大内生动力和广阔发展前景。各方已正式成立外交、经贸、海关等部长级会晤机制，设立实业家委员会、智库论坛、健康产业联盟等平台，商定加快成立产业与投资、交通、农业、应急管理、教育、政党等领域会晤和对话机制，并在中国设立常设秘书处。中国—中亚实业家委员会有助于打造惠及各方的营商环境，减少贸易壁垒，扩大和加强各国经贸往来。可以预见，中国—中亚元首会晤机制是增进政治互信、促进经贸对话、解决地区重大问题的可靠机制，

不仅有利于地区一体化进程，也将为动荡变革的世界注入更多稳定性、确定性。本次峰会达成的重要成果将进一步提升中亚国家在国际舞台上的影响力，为促进地区和世界和平发展作出新贡献。

（二）发布《中国—中亚峰会西安宣言》，为指导构建中国—中亚命运共同体指明了方向

《中国—中亚峰会西安宣言》（简称《宣言》）是中国—中亚合作的宏伟蓝图，面向国际社会全面阐述了中国同中亚五国在中国—中亚关系及重大国际和地区问题上的共同立场。《宣言》宣布携手构建更加紧密的中国—中亚命运共同体，涉及政治、安全、贸易、基础设施等多个方面，为发展中国与中亚国家的关系进行了顶层设计，指明了发展方向，创建了丰富的合作机制，并规划了一批切实可行的重点合作项目。《宣言》作为中国与中亚国家的首个共同宣言，成为指导构建中国—中亚命运共同体的重要纲领性文件。《宣言》从多个方面阐述了各国在经济、文化、安全等方面的合作意愿和共识。特别是在经济领域，《宣言》呼吁各国加强区域经济一体化、实现基础设施互联互通等方面的合作。这份《宣言》意义重大。首先，它表明了六国元首在促进地区繁荣稳定方面的共同决心和奋斗目标。其次，它向全世界表明了中亚国家致力于加强区域合作、推动经济发展、维护地区安全和稳定的态度和措施。最后，它为未来中亚地区的发展提供了新的思路和方向，有望促进中亚地区的经济繁荣、社会进步和人民福祉。总之，《中国—中亚峰会西安宣言》的发布，标志着中亚国家在全球视野下走向更加开放、合作、发展的新阶段。它有望推动经济合作、文化交流、人员往来等方面的深入发展，为中亚地区的未来发展注入新的动力和活力。

（三）达成《中国—中亚峰会成果清单》，将进一步促进中国—中亚开启各方合作新篇章

在交通互联互通方面，各方强调应巩固中亚作为欧亚大陆交通枢纽的重要地位，加快推进中国—中亚交通走廊建设，发展中国—中亚—南亚、中

国—中亚—中东、中国—中亚—欧洲多式联运,包括中—哈—土—伊(朗)过境通道、跨里海运输线路等。各方愿共同完善交通基础设施,推进中吉乌铁路项目,新建和升级改造现有的中国至中亚铁路和公路。

在扩大经贸合作方面,各方认为中国同中亚国家经贸合作潜力巨大,愿充分发挥中国—中亚经贸部长会议机制作用,全面扩大贸易规模。开展国际贸易"单一窗口"互联互通、优化口岸营商环境、促进跨境通关便利化等合作交流。成立中国—中亚实业家委员会,支持贸促机构、商协会及相关组织在贸易投资促进方面密切合作,为促进中国同中亚国家经贸合作发展发挥更大作用。

在"一带一路"人文交流方面,各方愿继续巩固教育、科学、文化、旅游、考古、档案、体育、媒体、智库等人文合作,推进地方省州(市)交流,促进更多地方结好,丰富青年交流形式,开展联合考古、文化遗产保护修复、博物馆交流、流失文物追索返还等合作。中方邀请中亚五国参与实施"文化丝路"计划,积极推动互设文化中心,支持举办青年文化节、论坛和体育赛事,共同制定中国—中亚旅游线路。促进"鲁班工坊"职业教育发展,鼓励拓展人工智能、智慧城市、大数据、云计算等高新技术领域合作。

四 落实中国—中亚峰会成果,推动陕西共建"一带一路"高质量发展的建议

(一)参与西部陆海新通道建设,打造高水平开放大通道

在跨里海通道上实现新突破,加大与哈铁在境外重要场站和港口的投资合作,参与哈萨克斯坦阿克套港口建设,推动降低阿塞拜疆境内段铁路运费,优化运行时效,提升跨里海通道运力。推动西部陆海新通道互联互通,在安康—东盟铁海联运班列基础上,扩大省内其他市(区)与东盟国家开通班列,加快实现东西向亚欧陆海贸易大通道与南北向西部陆海新通道在陕

西的深度融合。做强中欧班列西安集结中心。优化西安国际港站功能区布局，以数字赋能中欧班列西安集结中心建设，推进铁路基础设施智能化升级，建设智慧口岸、数字口岸。完善区域联动机制，加密"+西欧"线路，推进集结中心次级节点建设，推动集结中心与国家物流枢纽承载城市互联互通。拓展多元化通道网络，贯通亚欧陆海贸易大通道和西部陆海新通道，常态化开行中老、中越国际货运班列，便捷从中亚往返东南亚和亚洲其他国家的过境运输，打造国际开放通道的战略交会点。做强航空枢纽。加快"空中丝绸之路"建设，扩大国际客货运航班，提升与共建"一带一路"国家航权开放水平和全面直航比例。加快西安咸阳国际机场三期扩建工程建设，提升西安国际航空枢纽能级，建设临空经济示范区。加强向西开放大通道建设的省际合作。建立和完善西北五省（区）向西开放的协调联动机制，促进通道沿线各省份对外开放资源的共享和整合。在"一带一路"框架下，促进西安成为中亚国家农畜产品贸易中心，助力更多陕西企业持续扩大与中亚国家的农业贸易规模，中哈两国开通粮油等农产品"绿色通道"，推行粮食通关便利化，加快粮食流通。

（二）推动优势产能"走出去"，深化陕西与中亚经贸领域务实合作

深耕中亚，加强能源供应、新能源开发、粮食农产品的国际合作，与东亚地区加强连接，加强国际分工与合作，促进陕西发展。拓展农业、新能源、电子商务、绿色和数字经济、高科技等领域合作，打造合作新亮点和新增长点。推动中国与中亚国家农业合作高质量发展。重点加强与中亚国家跨境动植物疫病防控和农产品检验检疫合作，便利贸易和简化过境手续。拓展农业合作新场景，推动农业产业链深度融合。创新农业合作路径，推动农产品跨境电商合作，充分发挥中欧国际班列优势，探索农业全产业链深度融合新模式，促进区域整体农业竞争力提升。充分发挥上合组织农业技术交流培训示范基地、丝绸之路农业教育科技创新联盟等平台作用，积极开展多双边交流和技术合作，实现与中亚五国先进农业技术、种业资源和人才的优势互补，共同构建高质量发展农业合作带。大力推动优势产能"走出去"，布局

中亚国际市场。推动中哈国际合作园区高质量建设，打造国际产能合作示范项目。依托哈萨克斯坦园区，布局国内农产品物流加工园区，打造阿拉山口、西安关键节点的枢纽集散中心。支持设立进口产品区外监管区，缓解企业运营压力。在哈萨克斯坦、俄罗斯新建10~20个粮库，进而打造"海外粮仓"，提升对国际粮价的"话语权"。引导"走出去"企业，建设一个海外综合平台或境外农业园区，打造产业集群，增加当地话语权，降低运营风险，共同享受当地政府政策支持。

（三）以中国—中亚峰会为契机，推进陕西与中亚国家民心相通进一步走深走实

陕西应以中国—中亚峰会为契机，发挥科教、历史文化、旅游优势，搭建起对外交流、民心相通的桥梁，在构建多元互动人文交流大格局中贡献陕西力量，传承和续写中国—中亚友好情谊。继续支持丝绸之路大学联盟、"一带一路"职教联盟、丝绸之路农业教育科技创新联盟等高校和科研院所与中亚国家开展交流合作。聚焦农业、装备制造、新材料等重点产业和关键领域重大技术需求，搭建产业共享技术研发平台，联合中亚国家开展技术攻关与人才培养，助力"一带一路"高质量发展。发挥陕西省丝绸之路考古中心影响力，共建中亚丝绸之路考古合作研究中心，携手保护历史文化遗产。挖掘陕西与中亚"丝绸之路"上的好故事、好案例，以音乐、美术、影视等文化内容和形式，讲好中国故事，为构建中国话语体系贡献陕西智慧。推动中国—中亚民间友好论坛常态化举办，构建更加紧密的中国—中亚命运共同体。加强与中亚地区旅游的开发和合作。整合陕西历史文化和现代元素，把西安打造成"一带一路"中华优秀文化传承示范区。联合西北五省（区），推动与中亚国家共同谋划一批精品旅游景点和线路，建立丝绸之路国际旅游城市联盟，打造世界级旅游目的地。

B.11

2023欧亚经济论坛发展报告

禹　佳*

摘　要： 本报告首先阐述了2023欧亚经济论坛举办的背景及意义、主题设置、组织机构、内容设置、办会思路及特点等详细情况。其次，全面介绍了2023欧亚经济论坛取得的最新工作成果与做出的贡献，详述论坛在促进人文交流、经贸合作、科技创新等领域务实合作所取得的一系列实质性成果，对"一带一路"建设、上海合作组织区域经贸交流及《中国—中亚峰会西安宣言》精神和《中国—中亚峰会成果清单》有关内容落地等发挥的重要作用。最后，从智库体系、企业家联盟建设、配套博览会打造及论坛绩效评估等方面，展望新一届论坛举办思路和未来发展方向，提出了具体的提升措施。

关键词： 欧亚经济论坛　区域合作　互补共赢

一　2023欧亚经济论坛

2023欧亚经济论坛于2023年9月22日至24日在陕西西安举行，本届论坛是2005年创办以来的第十届，总体框架为"1+13+1"模式，来自51个国家和地区的1520名各界嘉宾参会，其中副部级以上官员、院士等重要嘉宾23人，全国政协副主席苏辉在开幕式发表致辞并出席论坛博览会，3名国外政要分别发表视频演讲。论坛期间共签署战略合作协议、意向书5

---

* 禹佳，欧亚经济论坛秘书处论坛工作专员，研究方向为欧亚区域合作。

个，发布重大倡议、报告 5 个，启动及成立相关组织及示范项目 5 个，共计签约各类项目 52 个。同期举办的论坛博览会共有 593 家中外知名企业和 23 个国际展团参展，吸引专业观众 53698 人次，现场意向交易金额达 102.35 亿元，现场成交金额超 36.28 亿元。①

（一）举办背景及意义

2023 欧亚经济论坛是在习近平主席提出"一带一路"倡议十周年，首届中国—中亚峰会成功举办并取得丰硕成果的背景下举办的高层次、开放性国际会议，也是欧亚经济论坛自 2005 年创办以来的第十届，具有里程碑意义。本届论坛以"依托上海合作组织、服务'一带一路'建设、落实中国—中亚峰会成果、促进地方经济发展"为宗旨，致力于进一步落实《中国—中亚峰会西安宣言》精神和《中国—中亚峰会成果清单》有关内容，持续推动地区间的对话与交流，深化多领域务实合作，促进形成深度互补、高度共赢的合作新格局。

（二）主题设置

本届论坛主题为"创合作机遇　谋发展未来"，旨在通过各界的广泛对话，承接和落实中国—中亚峰会成果，提升区域合作水平，释放区域合作潜力，拓展区域发展空间，培育区域发展动能，扩大陕西省及西安市与欧亚地区的全方位多领域务实合作，携手建设合作共赢、相互成就的共同体。

（三）组织机构

本届论坛的指导单位是外交部，主办单位有 9 家，分别为商务部、生态环境部、中国地质调查局、上海合作组织秘书处、国家开发银行、中国进出口银行、上海合作组织睦邻友好合作委员会、国际欧亚科学院、陕西省人民政府，承办单位为西安市人民政府，执行机构为欧亚经济论坛秘书处。

---

① 欧亚经济论坛官方网站，http：//www.eaforun.cn/，最后访问日期：2023 年 10 月 9 日。

（四）内容设置

2023欧亚经济论坛总体框架设置为"1+13+1"模式——"1"为开幕式暨全体大会，"13"为13个分会活动（分别为欧亚经济论坛常设主办方举办的会议、促进地方经济发展的会议）。"1"为2023欧亚经济论坛经贸合作博览会暨中国（陕西）进出口商品展（以下简称"论坛配套博览会"）。各分会、活动内容围绕《中国—中亚峰会成果清单》主要合作共识和倡议进行设置，聚焦政策沟通、金融合作、经贸交流、科技创新、生态保护、文旅发展、绿色能源、卫生健康、人文互通等方面。论坛配套博览会秉承"以专业展为基础，以进出口展为支撑，以落实中国—中亚峰会成果为重点，以取得实际成效为目标"的基本思路，引进中国国际进口博览会、中国国际工业博览会等优质资源，采用"以展带会、展会结合"模式，重点挖掘中亚地区市场资源，持续放大中国—中亚峰会成效，推动进口品牌方及贸易商深入挖掘西部市场潜力，提升本土产业核心竞争力。

（五）办会思路及特色

与往届论坛相比，2023欧亚经济论坛主要有以下四个特点。

1. 内容设置全面承接中国—中亚峰会成果

面对时代赋予的机遇，2023欧亚经济论坛将充分释放中国—中亚峰会效应，对标《中国—中亚峰会成果清单》，在巩固金融、科技、生态、地学、文旅等领域中亚区域传统对话机制的基础上，新增多项落实举措。一是为推动欧亚国家青年人之间的人文交流，与上海合作组织睦邻友好合作委员会合作举办欧亚青年精英论坛。二是为推动建立中国—中亚能源发展伙伴关系，扩大能源全产业链合作，拓展可再生能源领域合作，与中国能源研究会、中国可再生能源协会等合作举办2023丝路绿色能源国际合作大会。三是为进一步深化与中亚地区卫生医疗合作，推动医疗卫生领域国际交流，促进陕西西安医疗卫生产业发展，举办中医药论坛。

2.组织筹备广泛引入上合组织区域资源

作为在上合组织框架下成立的高层次国际合作平台，本届论坛在筹备之初便拜访了外交部、上合组织秘书处、上合组织睦邻友好合作委员会，征询对论坛的意见建议，并在主题设置、框架设计、内容设置、嘉宾邀请等各个方面进行全面合作。一是为进一步落实《上海合作组织成员国地方合作发展纲要》精神，推动上海合作组织区域各国地方政府间的互利合作、友好交往，与上海合作组织秘书处继续共同举办上合组织国家驻华使节圆桌会议。二是为加强同中亚国家民间文化艺术交流，与上海合作组织睦邻友好合作委员会合作举办"一起向未来"上合组织青少年画展，促进民心相通。

3.作用成效顺应"一带一路"重大倡议

论坛作为服务"一带一路"建设能级高、内容广、推动力大的综合性国际会议，各个分会及活动的设计初衷、组织形式、主题内容、预计成果与当前国家共建"一带一路"，省市扩大对外开放，打造内陆改革开放高地紧紧相连。一是为发挥论坛在欧亚区域经济合作中的引领作用，在促进新时代的欧亚经济合作、"一带一路"建设与中国地方对外合作、欧亚经济论坛未来发展等方面提供建设性方向，与中国社会科学院全球战略智库，中国社会科学院世界经济与政治研究所，西安交大、西北大学有关研究机构合作举办欧亚经济论坛智库分会，并发布最新研究成果及发展建议。二是为服务欧亚地区公共外交，展示"一带一路"建设丰硕成果，与五洲传播中心合作举办"一带一路"倡议十周年影视图片展活动。三是为宣传欧亚经济论坛作为对外开放合作平台，在服务国家外交、促进地方发展方面取得的成就，举办欧亚经济论坛成果展。

4.目标方向精准契合高质量发展

本届论坛充分利用西安作为欧亚合作与文明往来重要交汇地的特殊历史地位，全面聚焦西安市优势产业资源和经济发展，吸引更多国际性元素汇聚陕西和西安，推动西安成为欧亚合作的中心城市和西部地区承接全球产业转移的首选目的地。一是为全面落实习近平总书记关于国际友城工作的重要指示精神，进一步加强西安与中亚地方省州（市）交流，促进文旅产业和城市间旅游合作，举办第八届丝绸之路经济带城市圆桌会暨世界文旅局长大会。二是为让欧亚区域各国家和地区的企业家进一步了解中国，融入西安、投资西安，联合相关国家部委以"创机遇、谋发展、享未来"为主题，举办2023欧亚经济论坛企业家峰会，构建政企商学界广泛朋友圈，拓展西安对外合作领域。三是进一步充实既有的金融分会、科技分会、地学分会、文化旅游分会、法律服务分会等内容，拓展西安与中亚乃至欧亚各国在金融、科技、矿产、文旅、法律方面的合作深度和广度。四是通过欧亚经济综合园区发展论坛等会议，发挥西安在技术、资源、市场等方面的优势，进一步深化、拓展西安与共建"一带一路"国家相关领域的交流与合作。五是在论坛配套博览会中特别设立陕西省重点产业链主题展区，通过重点展示、定向邀约、经贸对接等活动措施，促进强链补链精准化、加速产业集群化、聚焦市场多元化。

二 2023欧亚经济论坛最新成果与重要贡献

本届论坛全面聚焦落实《中国—中亚峰会成果清单》，突出外向型经济，服务陕西及西安对外开放和经济发展，筹办机制更加顺畅、内容更加务实精简、保障更加坚强有力。

（一）凝聚了陕西及西安与欧亚各国共建"一带一路"的广泛共识

中外政要在开幕式致辞中充分肯定了陕西及西安在"一带一路"建设中的重要作用和取得的成绩，并希望论坛继续为加强区域对话、释放区域合作潜力、扩大陕西及西安与共建"一带一路"国家合作做出重要贡献。各分会围绕落实中国—中亚峰会成果、促进地区相关领域合作进行了深入研讨。法律服务分会针对"中欧班列铁路运单物权化的路径"等国际贸易商事法律难点展开讨论；丝路绿色能源分会组织国内27名学者及企业代表与中亚、东盟11名相关领域嘉宾探讨了合作发展意向、路径和模式。

（二）加速了陕西及西安深度融入共建"一带一路"大格局进程

论坛相关会议活动上，陕西省市相关企业、机构分别与哈萨克斯坦、乌兹别克斯坦等国家的企业达成了一批国际合作项目。配套博览会上，俄罗斯、德国等23个国家展团集中亮相，并举办了14场经贸交流活动。伊朗法尔斯省副省长默罕默德·法洛克扎德在中车集团展台表达了采购地铁的意愿，并约定11月进行详细磋商；欧亚经济论坛综合园区发展论坛上，塔吉克斯坦经济发展和贸易部下属的5个自由贸易区确定在西安领事馆区设立国际关系商务代表处，塔吉克斯坦马尔马里公司与陕西伟志集团确定共同在塔吉克斯坦建设和运营物流中心，中亚互联（西安）商务服务有限公司确定在浐灞生态区设立西北总部，并投资成立中亚国家商品馆；丝绸之路经济带城市圆桌会推介了西安旅游资源，市文旅局与韩国安东市签署了观光交流协议，并精选175件唐代精品文物在中亚五国线上展出。

（三）提升了陕西及西安与共建"一带一路"国家和地区双向开放水平

欧亚经济论坛综合园区发展论坛促成缔因安大型检测服务中心、广东车海洋集团西北区总部、西部国家版权产业园等项目落户浐灞；企业家分会促成国研智能装备制造及零部件精密生产基地、茵络医疗西部研发中心等项目落地西安；配套博览会上，西安爱列龙国际贸易有限公司与西安市汽车流通协会、中亚互联（西安）商务服务有限公司达成新能源汽车出口协议；法律服务分会发布了《中亚五国投资合作指南》，西北五省（区）省会（首府）城市律师协会签署了商事法律服务合作框架协议。

（四）宣传了陕西及西安在"一带一路"建设中的地位和作用

通过10余家央级媒体、8家海外媒体、省市相关媒体、互联网媒体及城市立面氛围营造组成的宣传矩阵，宣传了陕西及西安在"一带一路"建设中的优势和取得的成绩，彰显西安开放包容、互利共赢的城市气度。制作宣发《西安十二时辰》《欧亚盛会丝路之光——共筑欧亚梦》等8个创意短视频，其中《西安一分钟》在央视平台的浏览量突破百万，全平台总浏览量达300万+。本届论坛在人文合作、经贸洽谈、科技创新等板块收获颇丰，进一步扩大了地方层面和产业领域的务实合作，促进各方充分交流，取得了一系列实质性成果。据统计，论坛期间签署合作协议、合作意向书、备忘录19个，落成揭牌项目5个，发布重大信息4个。

三 论坛未来展望

为牢牢抓住中国—中亚峰会在西安成功举办的时代机遇，充分发挥欧亚经济论坛这一国家层面推进"一带一路"建设重要平台的作用，助力陕西和西安扩大对内对外开放，打造内陆改革开放高地，在巩固现有优势的基础上，未来计划从以下五个方面进一步探索发力。

（一）回溯论坛十届成绩，确定今后发展方向

当前正值百年未有之大变局，为更好服务国家外交战略、促进地方经济发展，拟对已举办的十届论坛成效进行全面评估，根据当前国际形势及国家政策方向，设计未来论坛的方向目标、组织机制、内容框架，全面提升论坛的影响力、号召力，更好践行"依托上海合作组织、服务'一带一路'建设、落实中国—中亚峰会成果、促进地方经济发展"宗旨。

（二）健全专家智库机构，构建稳固智力支撑

把欧亚经济论坛研究会实质性运行起来，建立研究会专职常设机构。吸引相关领域、国内外知名专家学者、智库、高校、研究机构和相关政府组织参与，建立高层次的专家网络。通过定期召开研究会年会、交流会、研讨会、评审会等形式，在论坛的各个维度全面介入，为论坛问诊把脉，不断提升论坛对国际形势的判断力、对国内政策的解读力，以及对相关国家的政府、团体、企业的号召力。适时创设经济评论期刊，不断放大论坛影响力。

（三）建立企业家联盟，更好服务地方经济发展

积极对接中亚实业家联盟，建立欧亚经济论坛企业家联盟。通过举办论坛企业家联盟会员大会，组建会员理事会，多频次、多方向、多领域地组织各类考察、对接、讨论活动，聚集一批看好欧亚地区贸易发展，有意愿进行实质性合作的大、中、小型企业管理者，在服务国家战略、帮助企业发展的同时，整合企业优势资源，助力西安对外开放。

（四）做大做强产业链主题展区，提升西安对外开放水平

根据国家宏观经济政策指向及西安市经济发展重点，每年选取2~4条西安市重点打造的产业链，在论坛配套博览会上进行全景展示，定向邀约全产业链上下游企业和国外相关企业，在延链、补链、强链的基础上，引入外埠资源补强产业链，同时帮助本土企业更好"走出去"，促进地方进出口经贸合作。

（五）深度绑定中国国际进口博览会，提升论坛配套展层次能级

积极争取中国国际进口博览局做论坛配套博览会的支持单位，吸纳更多进口博览会资源入驻论坛配套博览会，把配套博览会打造成为进口博览会在西部地区唯一授权的品牌展会。

B.12
2023年中欧班列西安集结中心建设报告[*]

刘肖楠　谷孟宾[**]

摘　要：　"一带一路"倡议提出十年来，陕西充分发挥自身区位优势，立足我国向西开放前沿城市和"一带一路"重要节点城市的双重定位，在构建陆空内外联动、东西双向互济的贸易通道相关工作上突飞猛进。中欧班列长安号各项数据遥遥领先，成为全国中欧班列的排头兵，成功构筑起一条成本低、效率高、服务优的国际贸易"黄金通道"。作为全国5个中欧班列枢纽节点城市之一，西安在建设中欧班列集结中心方面的工作取得了显著成效。经过十年发展，中欧班列长安号各项指标屡创新高，在全国处于领先位置；西安国际港站建设更加完善，功能更加齐全；借助互联网、大数据等先进技术，国际贸易服务更加高效；依托中欧班列发展的良好势头，港产港贸港城加速融合。中国—中亚峰会在西安成功举办为中欧班列带来全新机遇。结合当下发展阶段和未来长远需求，本文从提高互联互通水平、提升辐射带动能级、建立科学评价体系、加强国际贸易合作等方面，对中欧班列及西安集结中心的下一步发展提出了相关建议，为中欧班列助力陕西共建"一带一路"高质量发展，以贸易通道为载体不断加深国际全方位合作提供参考。

关键词：　"一带一路"　中欧班列　集结中心

---

　*　文中部分数据及资料来源于西安国际港务区。

**　刘肖楠，陕西省社会科学院金融研究所助理研究员，研究方向为"一带一路"、区域金融；谷孟宾，陕西省社会科学院金融研究所所长，研究员。

2023年是"一带一路"倡议提出10周年，从理念到实践，从愿景到现实，陕西坚持高质量"引进来"和高水平"走出去"，积极参与共建"一带一路"，取得了一系列显著成效。数据显示，2013~2022年，中国与共建"一带一路"国家货物贸易从1.06万亿美元增至2.07万亿美元，实现了跨越式增长。中欧班列作为我国与欧洲及共建"一带一路"国家间贸易往来的陆路运输骨干方式，是深化我国与共建国家经贸合作的重要载体，是推进"一带一路"建设的重要抓手，更是"一带一路"建设的品牌工程和标志性成果。截至2023年6月底，中欧班列累计开行7.4万列，运输近700万标箱，货物品类达5万余种，涉及汽车整车、机械设备、电子产品等53大门类，合计货值超3000亿美元。① 2011~2022年中欧班列开行量及货运量如图1所示。

图1　2011~2022年中欧班列开行量及货运量

资料来源：《共建"一带一路"：构建人类命运共同体的重大实践》白皮书。

2020年4月，习近平总书记来陕考察时指出，建设中欧班列（西安）集结中心，加快形成面向中亚南亚西亚国家的通道、商贸物流枢纽、重要产业和人文交流基地，构筑内陆地区效率高、成本低、服务优的国际贸易通

---

① 《共建"一带一路"：构建人类命运共同体的重大实践》白皮书。

道。2020 年 7 月，国家发展改革委下达中央预算内投资，支持西安开展中欧班列集结中心示范工程建设，西安成为国家发展改革委重点支持的 5 个中欧班列枢纽节点城市（分别为成都、郑州、重庆、西安、乌鲁木齐）之一，建设工作快速推进。

多年来，以"建设世界一流内陆港，打造中欧班列（西安）集结中心"为目标，陕西省和西安市致力于实现中欧班列高质量发展，并坚持高水平建设集结中心。目前，中欧班列长安号已经成为全国中欧班列在运行服务方面提质增效的排头兵，基本建立起了较为完善的多式联运物流体系。中欧班列在着力服务陕西加快建设向西开放前沿，助力陕西深度融入共建"一带一路"大格局方面贡献突出，并将发挥愈加重要的作用。

一 中欧班列西安集结中心建设发展现状

（一）中欧班列长安号多项指标再创新高

2013 年 11 月 28 日，首列中欧班列长安号列车从西安出发，开往哈萨克斯坦，中欧班列长安号的故事由此开始。中欧班列长安号运行干线由最初的 1 条增加到现在的 17 条，年开行量从 46 列到超过 4600 列，覆盖欧亚大陆 45 个国家和地区，累计开行量超 2 万列，开行量、货运量、重箱率等核心指标持续领跑，成为全国运行时效最快、智能化程度最高、线路辐射范围最广、服务功能最全、综合成本最低的"钢铁驼队"。[①] 2023 年 9 月 28 日，当年开行的第 3946 列长安号国际货运班列从西安国际港站驶往俄罗斯莫斯科，这标志着中欧班列长安号自 2013 年开行首列以来，已累计开行突破20000 列。无论是货运量、开行量还是重箱率，中欧班列长安号多项核心指标已长期居全国领先位置，累计开行总量占到全国中欧班列的 20%。2022年主要地区中欧班列开行数量如表 1 所示。

---

① 朱雪娇：《中欧班列长安号：大道越走越宽阔》，《西安晚报》2023 年 10 月 7 日。

表 1　2022 年主要地区中欧班列开行数量

单位：列

排名	地区	开行数量	备注
1	西安	4639	中欧班列五大集结中心城市
2	郑州	2800	中欧班列五大集结中心城市
3	四川	2700	由成渝号数据及公开报道推算
4	重庆	2400	中欧班列五大集结中心城市，由成渝号数据及公开报道推算
5	山东	2057	齐鲁号
6	义务	1569	
7	乌鲁木齐	1075	中欧班列五大集结中心城市，1~11 月数据
8	长沙	1012	
9	合肥	768	
10	连云港	700	
11	金华	700	
12	沈阳	627	
13	武汉	538	
14	苏州	500	
15	石家庄	500	

资料来源：国铁集团及相关城市公开数据。

　　截至 2023 年 8 月，中欧班列长安号向西、向北创新开行跨两海线路，长安号干线通道增加至 17 条，基本覆盖欧亚大陆全境；向东常态化开行西安至青岛、宁波国际海铁联运五定班列，有效满足日韩过境运输需求，无缝对接全球航运体系；向南开通了中老、中越国际货运班列以及西安至尼泊尔、巴基斯坦公铁联运线路，实现南北、东西国际物流通道在西安聚集融合；通过"干支结合"的方式构建了"+西欧"集结体系，集结线路达到 19 条，资源要素的吸引力持续增强。①

　　除了在开行数量、路线上再创新高外，中欧班列长安号坚持创新引领，

---

① 康乔娜：《"钢铁驼队"促开放　"黄金通道"增活力》，《西安晚报》2023 年 5 月 17 日。

不断提升运输质量和效率。目前，中欧班列长安号在全国率先开行了境内外全程时刻表班列，西安至德国仅需 9.8 天；购买自备箱 6000 个投放市场，节约集装箱使用成本约 1 亿元；全国首个陆路启运港退税试点实施达效，企业从西安港出口的货物能够和从河港、海港出口一样享受类似的退税政策，有效降低了企业资金成本。

（二）西安国际港站建设更加完善

西安国际港作为全国唯一具有国际（CNXAG）、国内（61900100）双代码的"内陆港"，是首批陆港型国家物流枢纽和国家级多式联运示范基地，也是中欧班列西安集结中心建设的核心承载地。西安国际港占地 5600 亩，已建成拥有快运作业区、集装箱作业区、整车货物作业区、特货装运作业区四大作业区的大型内陆港，已开通铁路作业线 59 条，建成集装箱堆场 69 万平方米、标准仓库 18 万平方米，能够承载集装箱吞吐量 540 万标箱，实现运力 6600 万吨，已建成可满足中欧班列长安号每年 1 万列以上开行需求的全国首个内陆自动化无人码头和全国第一个拥有 3 束 6 线的铁路集装箱中心站，国际集装箱作业到发线达到 18 条；此外，西安国际港站还有占地 4.67 平方公里的西安综合保税区以及铁路一类、公路二类口岸，粮食、肉类、整车进口指定口岸等功能完备的口岸体系，面积达 48.1 万平方米的海关监管区，正在全力建设"世界一流内陆港"。

目前，西安国际港站已引进了中国五矿"一带一路"大宗商品交易中心（约 532 亩）、山东港集团"一带一路"冷链交易中心（约 530 亩）、爱菊"一带一路"粮油交易中心（约 307 亩）、中远海运"一带一路"海铁联运中心（约 200 亩）、中国林业"一带一路"木材交易中心（约 200 亩）、哈萨克斯坦码头（约 120 亩）、陕投集团"一带一路"公铁联运中心（约 74 亩）等项目，总占地 1963 亩、总建筑面积 63.5 万平方米，正在打造面向欧亚、通达全球的内陆地区国际商贸物流枢纽。2023 年 4 月，中欧班列西安集结中心与哈铁签署战略合作协议，5 月中旬开工建设占地 120 亩、总投资 4 亿元的哈萨克斯坦码头，同时，共同参与哈萨克斯坦的港口、码头和场站等基础设施扩建，为中欧班列高质量、市场化、可持续发展奠定了更加坚实的基础。

（三）国际贸易配套服务更加高效

为更好地服务企业跨境贸易，中欧班列西安集结中心搭建了中欧班列综合服务平台，以"为企业提供一站式、一票制国际联运全程服务"为主要目的，充分利用大数据、互联网等技术，为企业提供线上订舱、报关、结算、支付等相关服务。同时，为有效提高企业通关效率，降低企业进出口时间成本，中欧班列西安集结中心在全国率先打通海关、铁路数据，建设并完善了智慧物流监管系统，实现与西安铁路集装箱中心站、跨境电商监管场所、海关监管区、散货集拼中心等的数据无缝衔接，极大地提升了进出口贸易的效率。在资金服务方面，长安号数字金融综合服务平台运行良好，截至2023年融资金额已超过60.8亿元，为更多企业提供了资金上的有效支持。此外，为提高企业跨境贸易结算效率，促进企业贸易投资便利化，还积极落地实施本外币合一银行结算账户的相关服务。为助力本地企业"走出去"，中欧班列西安集结中心以"一企一策"的方式为企业提供综合物流解决方案，创新推行"门到门"服务，构筑了一条效率更提升、成本更节约、服务更优质的企业国际贸易服务渠道。

（四）港产、港贸、港城联动更加紧密

中欧班列西安集结中心不仅带动国际贸易往来发展，更为陕西产业转型升级、自贸区能级提升和城市建设完善提供了充足动力，在港产、港贸、港城融合发展方面贡献突出。在港产融合方面，加快建设"一带一路"临港产业园，依托国家加工贸易产业园，积极承接东南沿海产业转移，已落户临港制造企业40余家，预计年产值超过200亿元，纳税超3亿元。依托西安国家医学中心建设，积极融入秦创原创新驱动平台，联合西安交通大学、交大一附院，与行业龙头企业开展联合创新及科技成果转化合作，推动高端医疗器械的国产化替代。在港贸融合发展方面，目前已经获批跨境电子商务综合试

验区、首批进口贸易促进创新示范区、电子商务示范基地等国家试点。稳步推进互联网"双中心"建设,一方面,打造中欧班列长安号跨境电商全国集结中心,跨境电商高质量专列实现2天开行1列,跨境电商企业达到317家。截至2023年4月底,累计开行跨境电商专列377列,排名全国第一,实现跨境电商交易额近100亿元;另一方面,打造"一带一路"电商中心,加快推进与抖音集团、东方甄选的深度合作,引进了跨境及国内直播企业超50家,开设直播间超200间,累计注册互联网及配套企业超2200家。2023年一季度实现限额以上单位网络零售额75.63亿元,占全市的43%、全省的34.4%。积极推进大宗贸易发展,引进500强企业区域总部,大宗贸易企业达到886家。2023年1~4月,实现进出口贸易额93亿元,同比增长127%,实现一季度限额以上批发业销售额473亿元。在港城融合发展方面,遵循习近平总书记"以人民为中心"和"顺应自然、尊重规律,构建合理城市空间布局"的新城市发展理念,推动产城融合、职住平衡,着力打造中欧班列西安集结中心中央商务区,布局"一带一路"文化交流中心、丝路国际体育文化交流培训基地、"一带一路"城市展示中心等重大公建项目,正在构建面向"一带一路"文化、体育、教育、科技、法律的国家级人文交流平台。

(五)中国—中亚峰会带来新机遇

2023年5月,中国—中亚峰会在西安成功举办,为陕西和西安在进一步深化与中亚国家合作方面打开新局面。中亚作为"一带一路"首倡之地,多年来与我国在经济、贸易、文化等多领域合作取得了一系列丰硕成果。峰会期间,中国同中亚五国达成系列合作共识,以"一带一路"倡议提出10周年为契机,在工业、农业、基础设施建设、旅游人文交流等各领域合作将持续深化,互联互通水平不断提高。贸易量的提升,也考验着中国与中亚之间后续的贸易运力能否及时跟上,这对中欧班列长安号的发展是全新的机遇也是挑战。借由峰会带来的新局面,陕西应积极推进中欧班列长安号开拓合作,打造高质量发展的全面开放新格局。

二 中欧班列西安集结中心当前面临的挑战

（一）转型升级提出更高要求

经过多年发展后，中欧班列长安号在开行数量、开行路线上已处于全国领先位置，在中欧班列全国开行已趋近饱和的市场状况下，要充分发挥地理优势、规模优势，进一步提升运输质量和效率，率先进行高质量转型升级。当前正处于发展转型的关键期、阵痛期。这对中欧班列西安集结中心协调统筹、合理参与市场竞争、应对各类经营风险的能力提出了较高的要求。在未来长期发展中，如何有效发挥西安集结中心在高效归集货物、打造产业集群、畅通供应链等方面的作用，形成中欧班列长安号的核心竞争力，将是很长一段时间内需要面对的主要问题。中欧班列西安集结中心在合理布局、细分市场、提升质量方面，都面临着较大的挑战。未来，应进一步聚焦提升口岸和通道的运行效率、运输品质和有效通过能力等方面的工作，加强中欧班列集采中心及自贸港、自贸区建设，加速推进基础设施建设。

（二）海运市场形成替代压力

2019年之后，受全球新冠疫情影响，国际海运价格居高不下，中欧班列运输成本较低、受突发因素影响较小的优势得以显现，成为国际贸易运输的重要通道。2022年疫情在全球范围内得到有效控制后，海运价格逐渐回归到合理区间，国际航运市场的总体格局也逐渐变化。海运价格的下调对全球物流市场产生了较大影响，在运量、距离、时效上都对中欧班列形成了较大的竞争压力。面对海运市场的挤压，中欧班列的价格竞争力受到挑战，作为集结中心，如何发挥比较优势、合理利用市场变化并准确定位中欧班列自身的核心竞争力，成为一项较大挑战。

（三）沿线国家存在不稳定因素

当前世界，复杂、深刻的国际政治、经济变革时有发生，对国际格局的稳定造成不良影响，对国际贸易的通畅、稳定也产生了阻碍。沿线国家较多、辐射市场广泛是中欧班列的原生优势，但因穿越多个国家，受到各国间不稳定因素影响的可能性随之增加。要保证中欧班列的规模化、常态化运行不受影响，面对、适应沿线国家的格局变化是关键。从实际运行情况看，沿线国家在地缘政治、外交关系方面存在的问题对中欧班列的通畅运行已产生一定阻碍。同时，沿线存在不稳定因素的国家对国际口岸的有序管理、跨国运输的安全保障也难以到位。另外，各国之间对贸易产品的标准认定存在差异，进出口名录各不相同，这些都影响中欧班列运输货物的种类和数量。未来，中欧班列在运输过程中仍然会面对经济、社会文化乃至地缘政治等风险因素的影响，保证贸易通道的畅通性将是中欧班列运营主体长期需要协调和考虑的重要方面。

（四）长线发展仍需科学规划

目前，国内中欧班列开通城市对中欧班列普遍有相应的补贴措施和财政奖励办法，中欧班列还未实现完全的市场化运营。国内各地的中欧班列还存在着路线较为集中、个别线路重合的竞争关系，为了支持本地中欧班列快速发展，也存在着一些通过高额补贴实现低价揽货，挤压正常市场空间的行为。这些行为并不利于中欧班列实现高质量、可持续发展。要实现中欧班列的长远发展，还需要更为科学的规划，包括如何逐步实现市场化运营、如何应对国际和国内其他运输方式的竞争、如何差异化发挥自身优势等，这些都将是中欧班列集结中心亟待解决和规划的方向性、根本性问题。

三　中欧班列西安集结中心发展建议

（一）进一步提高海铁联运互联互通水平

近年来，西部陆海新通道的建设和发展成为中欧班列海铁联运的新增长点。从2017年的178列，到2022年的8820列，2023年，西部陆海新通道海铁联运班列开行量将突破 9000 列。这对中欧班列服务模式多元化而言，也起到了重要推动作用。在国际航运市场竞争日益激烈的当下，中欧班列应进一步提高与西部陆海新通道互联互通水平，积极参与陆海新通道建设，加密互联互通班列的开行频次，在安康—东盟铁海联运班列基础上，鼓励省内其他市（区）与东盟国家开通班列，扩大与东南亚国家的互联互通覆盖范围，助推东南亚与中亚国家的贸易畅通，加快实现东西向亚欧陆海贸易大通道与南北向西部陆海新通道在陕西的深度融合。

同时，加强与山东港、上海港、连云港等沿海港口，以及中远海、马士基、达飞、地中海等船运公司合作，高频次稳定开行铁海联运图定班列，多环节降低企业综合成本，进一步加大与日、韩的贸易合作，进一步畅通陕西企业出海口。

另外，在运输方式上，推动单一集装箱运输方式向笼车、板车等多种运输方式转变，在有效提升运力的同时降低物流成本，为陕西企业"走出去"、中亚产品"引进来"提供强有力的通道支撑。

（二）进一步提升集结中心辐射带动能级

作为集结中心，中欧班列西安集结中心的辐射能力和带动能级直接影响到中欧班列的运输质量和竞争实力。未来，要更好地发挥中欧班列西安集结中心应有的作用，就要主动作为，持续提升物流承载能力、不断加强供应链组织能力、资源整合能力。及时跟进对接国家、部委相关政策，加快推进咸阳、渭南等关中城市打造集结中心二级节点，谋划在陕北、陕南的集结线路建设，完善对外贸易、产业聚集、金融支持等配套政策，在全省形成"雁阵模式"。强化西安集结中心辐射带动能力，更加深度参与国际合作，构建协同高效物流服务体系。全力以赴强链延链补链，不断强化中欧班列长安号产业链，扩大产业服务范围，提升产业服务价值。

（三）进一步建立以质量为导向的评价体系

中欧班列发展初期评价体系以规模、运量为导向，发送列数、开行线路的数量是评价中欧班列发展程度的主要指标，这导致中欧班列在前期发展中将主要精力放在开行数量的提升上，而没有过多考虑由此引发的重箱静载重较低、去回不均衡、空箱运输、计划兑现等现实问题。当前，全国中欧班列使用较为普遍的评价体系仍以铁路方面的指标为主，对于中欧班列对地方产业的带动、对经贸的贡献程度等能够评价发展质量的工作还没有设置科学的考核指标，这对中欧班列的高质量发展不利。中欧班列的价值不仅仅体现在作为重要运输工具参与国际贸易，更重要的是以中欧班列为重要载体，在打造更加畅通的贸易通道的同时实现与其他共建"一带一路"国家贸易、产能和金融等方面的进一步深度合作，不断推动我国实现高水平对外开放，因此，当前需要更加重视效率和质量方面的指标设置，以凸显中欧班列在经贸和国际合作方面的重要价值。

（四）进一步加强海外合作，实现共赢

一方面，加快国外海外仓、场站等基础设施建设，联动爱菊、省外经贸、丝路城控股等本土企业在乌兹别克斯坦塔什干，哈萨克斯坦阿克套、阿拉木图、库斯塔奈，以及俄罗斯莫斯科等地建设海外仓，为企业提供保税、展示、交易的窗口，进一步提升物流时效性，降低企业交易门槛和成本，服务中国和中亚国家不断扩展对外贸易市场。加大与俄铁合作力度，联合建设场站、车站等设施，进一步增大班列北线通道吞吐量，提升边境口岸换装能力，引导更多俄罗斯出口货物在西安集结分拨。加大与哈铁在境外重要场站和港口投资合作，推动降低运费，不断优化运行时效，提升跨里海通道运力，逐步加大与西亚国家的经贸往来。

另一方面，积极打造更加完善的国际贸易中心。积极推进建设中亚南亚西亚（西安）国际贸易中心，争取设立中亚国家本外币结算中心，与国际通行的商事法律服务标准衔接，大力提升商事纠纷解决机制的国际影响力。加快哈铁在国际港务区项目建设，并推动哈铁携手哈铜、哈锌、哈铁矿等哈萨克斯坦企业在西安参与设立贸易公司，为中亚五国在中国开展贸易提供良好环境，共同打造中哈（西安）贸易中心。同时，鼓励开展跨境电商业务，为更多陕西企业带来新的发展契机，持续扩大中国与中亚国家的国际贸易规模。

B.13
2023年度上海合作组织农业技术交流培训示范基地建设报告

桑晓靖　海江波　崔仲元　孙嘉玉*

摘　要：　农业领域的对外合作，是共建上合组织成员国利益共同体及命运共同体的重要手段，特别是在粮食安全、农业科技合作、农业投资、农业人才培训及农产品贸易等方面潜力巨大。2019年以来，上海合作组织农业技术交流培训示范基地依托杨凌在旱区种业、节水、生物安全等方面的科技与人才优势，发挥"交流、培训、示范"核心功能，围绕农业科技合作平台及机制建设、农业人才交流与培训、种质资源与品种交流、农业经贸及产能合作、减贫国际交流等方面取得阶段性成果及成效，基地建设过程中在产学研各类主体参与机制、农业科技合作领域以及关联性技术创新能力、农业科技合作平台运行效率及功能布局、农业科技交流与培训内容及体系、农产品贸易的供应链通道和配套基础设施建设等方面存在一定不足。今后，需要以制度创新推动国际农业合作发展走向深入，编织农业国际科技合作的"上合网络"，协同推进农业适用机械技术与设备的应用，开展特色农业"跨境"产业调整赋能粮食安全，提升基地示范引领高度，探索以企业为主体、境外经济贸易合作区为依托的市场化农业科技合作新模式。

关键词：　上合组织农业基地　农业科技　国际农业人才　农业经贸

---

* 桑晓靖，博士，西安外国语大学商学院教授，研究方向为农业现代化；海江波，博士，西北农林科技大学非洲研究中心主任、教授，研究方向为国际农业科技合作与交流；崔仲元，西京学院会计学院，研究方向为农村教育；孙嘉玉，西安外国语大学国际关系学院，研究方向为区域与国际关系。

农业是上合组织国家国民经济的重要组成部分。各成员国在农业资源禀赋、农业生产方式、农业技术特征等市场需求方面禀赋不同、优势各异，这成为上合组织成员国围绕共建利益共同体和命运共同体目标，开展农业国际合作的重要结合点之一。2019 年 6 月 14 日，习近平主席在比什凯克上合组织成员国元首理事会上正式提出了"中方愿在陕西省设立上海合作组织农业技术交流培训示范基地，加强同地区国家现代农业领域合作"的重大倡议。旨在充分发挥该组织合作共享机制，制定农业合作联合行动措施，通过更紧密的务实性合作充分发挥各国在农业科技合作、人才交流与培养、农业技术推广及农业贸易投资等方面的潜力，提高农业优势资源配置和使用效率，实现农业现代化。陕西作为我国推动上合组织农业合作的重要纽带，担负着建设上合组织农业基地的重大使命。

上合组织农业技术交流培训示范基地（简称上合组织农业基地）建设与发展四年来，历经倡议源起、磋商共识及挂牌运行三个主要阶段，通过构建务实高效全面的农业合作机制，以人才培训与交流为切入点，不断向农业科研和农业经贸合作领域延伸，建成一批现代农业研究中心、国际联合实验室、农业科技推广应用平台等，不断完善平台框架体系，进一步深化了上合组织成员国在农业科技、农业管理、农业技术推广、人才培养与交流、农业贸易等领域中的互利合作，积极拓展合作交流渠道，取得了突破性进展和阶段性成效。

一　基地建设总体进展与成效

（一）顶层设计与合作机制建设成果

上合组织农业基地坚持"立足中国、辐射上合、联动周边、面向全球"的战略定位，遵循"上海精神"，依托杨凌在旱区种业、节水、生物安全等方面的科技与人才优势，遵循"交流、培训、示范"核心功能定位，按照"一基地多平台、一中心多园区、一院多所"的框架，围绕科技、人才、产业及经贸四大高地建设，以多层次交流的平台体系构建为依托，形成产学研各类主体参与上合组织合作的机制模式，服务于上合组织国家农业现代化、产业化和可持续发展，助力"一带一路"和全球粮食安全。

根据上合组织农业基地总体发展目标和建设思路，上合组织农业基地的重要突破点是通过磋商沟通，建立和完善了政府间有效协调沟通机制、农业科技合作的高层次多边对话机制性平台，进而构建务实高效全面的农业合作机制，形成及拓宽农业领域务实性合作渠道，保障了成员国农业科技合作的可靠性、有效性与可持续性。四年来，取得了一系列成果。

2020年10月，经过反复磋商谈判，上合组织各成员国达成共识，在杨凌建设上合组织农业基地，标志着基地建设从我国的单边倡议，成为上合组织国家间开展农业合作的共同行动。

2020年10月，组织召开了2020上合组织现代农业发展圆桌会议，并将此会议确定为上合组织国家间农业合作交流的固定平台定期举办。会上一致通过了《2020上合组织现代农业发展杨凌倡议》。

2020年12月，陕西省首批立项创建的16家上海合作组织农业技术交流培训示范基地实训基地，建设工作全部完成并挂牌成立。

2021年5月，上合组织成员国涉农高校联盟在西北农林科技大学成立，8个上合组织国家19所大学和60余名代表签署意向书。

2021年8月，《上合组织农业技术交流培训示范基地建设构想》在上合组织成员国农业部长会议上审议通过，指出各成员国始终将农业视为重点合作领域，巩固农业合作机制、强化产业链供应链、夯实合作发展基础，在陕西建立上合组织农业技术交流培训示范基地——上合组织农业领域首个服务上合、面向全球，推动各成员国共商、共建、共享，促进上合地区现代发展的平台，被列入上合组织成立20周年农业合作的重要成果。

2021年10月，上合组织农业基地经贸投资促进中心成立，这是上合组织农业基地建立以来第一个经贸投资促进平台，为成员国政府、企业、商业协会等主体间农业交流对话和贸易合作提供重要的组织及平台保障。

2021年12月，首批中非现代农业技术交流示范和培训联合中心落地上合组织农业基地。

2022年6月，上合组织青年科技创新论坛举行，就减贫合作与乡村发展主题，围绕上合组织框架下的减贫合作与乡村发展进行对话交流。

2022年7月，农业农村部、外交部、科技部、陕西省人民政府联合印发《上合组织农业技术交流培训示范基地建设方案》，这是上合组织农业基地首个制度性中长期工作规划，进一步明晰及凝练了基地建设及工作原则、建设目标、主要重点任务、工作思路及重点领域、重点任务及保障措施。

2022年9月，上合组织成员国元首理事会会议发布了《撒马尔罕宣言》和政府首脑（总理）理事会《联合公报》，就以上合组织农业基地为依托，围绕现代农业技术的采用、粮食安全保障、跨境动植物疫病防治等农业生产周期中面临的共性问题，达成深度务实性合作共识及思路措施。

2023年9月，首届中国—中亚农业部长会议举行。会议审议通过的《中国—中亚关于加强农业投资贸易合作共同促进粮食安全与农业可持续发展的联合意向声明》，是上合组织农业基地为推动农业经贸合作、保障粮食安全，积极进行磋商沟通，建立农业经贸合作的高层次对话合作机制的标志性成果。

2023年9月，上合组织国家农业合作与发展大会举行，进一步拓展成员国之间实业界、行业协会、高校及上合组织其他平台等主体的农业合作的广度与深度，推动了产学研合作的务实性发展。

2023年9月，第八届丝绸之路农业教育科技创新联盟年会暨第二届上海合作组织国家农业大学校长论坛举行。这是以上合组织农业基地为平台，成员国相关高校、科研机构及企业等进行科技创新交流合作、资源共享得以实现的对话渠道及工作机制。

（二）总体建设成效

1.农业科技合作平台相继建成，农业科技合作机制模式日益成熟，合作内容广度及深度不断拓展

上合组织农业基地科技合作平台框架体系不断完善，依托上合组织农业基地的相关重大、重点国际科技合作项目协作完成，带动农业科技合作研究院、园区、实验室、协调创新中心等平台建设，推动形成有效的农业科技合

作机制。四年来,探索产学研各类主体参与上合组织合作的机制模式,主要形成了政府协商机制、知识分享机制、技术转移机制及人员交流机制等模式,其中政府协商机制是以政府为主导,通过高层领导协商会议等机制作用,推动成员国之间的农业战略、政策、规划等发展框架对接,为农业技术务实性合作交流实现政策、标准、法规等的横向统筹。知识分享机制体现为通过各种联盟机制,主要围绕上合组织国家农业发展政策研究、农业科技发展前沿动态等议题,邀请我国及上合组织国家农业领域知名专家学者开展学术交流,以搭建上合组织国家农业学术交流平台,拓展学术视野,推动相关学科的国际合作,实现各国农业科技知识信息的交流分享。技术转移机制表现为通过示范中心、实验室、联合攻关项目等运行机制,实现杨凌农业科学技术的示范与推广。人员交流机制指依托科研联合攻关、培训、人才培养项目等方式,实现农业科技、管理人才的培养与交流,为农业科技合作、务实性技术交流提供人才支撑,如表1所示。

表1 上合组织农业基地农业科技合作机制与支撑平台

合作机制	支撑平台	代表性措施
政府协商机制	双边协商会议	杨凌示范区管委会和乌兹别克斯坦锡尔河州友好交流和合作会议
	多边协商会议	上海合作组织现代农业发展圆桌会议 第六次上海合作组织成员国农业部长会议
知识分享机制	科技创新联盟	丝绸之路农业教育科技创新联盟、上合组织涉农高校联盟
	科技知识研讨会	上海合作组织国家农业大学校长论坛 上合现代农业工作坊
技术转移机制	联合实验室和研究中心	现代农业发展研究院 现代农业国际联合实验
	国际技术交流中心	上合组织现代农业交流中心 中非现代农业技术交流和培训联合中心
	技术示范园区	智慧农业产业园、中乌农业科技示范园
	农业技术实训中心	设立20余个农业技术实训基地
人员交流机制	学术机构	西北农林科技大学招收上合组织国家留学生,杨凌职业技术学院与乌兹别克斯坦实施农业职业教育合作办学项目

先后与全球 60 余个国家在现代农业领域建立了合作关系，与哈萨克斯坦等 20 余个共建"一带一路"国家和地区就多个涉农领域签订合作框架协议，累计开展国际交流合作活动 300 余项。

2. 围绕国际农业科技合作，深化农业技术援外培训，加深国际农业人才交流与培养

杨凌具有丰富的农教科人才培训资源，包括西北农林科技大学、杨凌职业技术学院，丝绸之路农业教育科技创新联盟、上合组织涉农高校联盟、国际农业联合研究中心等，这些平台历来在共建"一带一路"国家和地区的人才培养、科学研究、技术推广、人文交流、智库建设等方面发挥着重要作用，特别是在农业技术培训、扶贫专项培训等援外培训方面经验丰富、成效显著。

截至 2021 年，上合组织农业基地已面向上合组织国家举办国际培训班 9 期、农业技术研修班 20 余期，培训内容涉及现代农业、农经管理、禽畜养殖、节水灌溉等多领域，累计培训上合组织成员国的农业官员及技术人员 400 余名。疫情期间，为乌兹别克斯坦、巴基斯坦等 19 个国家和地区的百余名学员进行了远程培训，30000 余人次在线参与学习。西北农林科技大学招收上合组织国家留学生 300 余名，杨凌职业技术学院与乌兹别克斯坦实施农业职业教育合作办学项目，培养职教学生 100 名。

2023 年，覆盖 40 余个国家的 630 余名农业官员和技术人员接受农业援外培训 12 期，上合组织国家及发展中国家农业技术人员 3300 余人次在线学习。培训交流平台亦为相关企业进行跨国农业生产投资、科技创新及贸易经营提供信息交流及合作的平台。

四年来，针对上海合作组织成员国和其他发展中国家完成援外培训 56 期，累计培训学员 2000 余名，内容拓展到经济管理、工程施工、中医药、电子商务等 16 个专业。

3. 农业种质资源与品种交流成效明显

依托上合组织农业基地，成员国间农业种质资源与品种交流是开展农业科技合作的重要内容，随着 2021 年上合组织现代农业交流中心正式启用，围绕做好农业科技示范，杨凌在境外可以更好地开展小麦等农作物新品种选

育、试验试种以及种植模式展示，共完成 13 大类 110 余个优良品种的品比试验和高效栽培技术集成与示范，制定作物生产标准 7 项、生产技术规程 11 项，境外示范推广面积达 56.4 万亩，进一步丰富了当地种植模式，引领了当地农业产业结构调整。

设立 20 个（境内 18 个、境外 2 个）农业技术实训基地，智慧农业示范园、菲格无花果庄园、初心农场、中乌农业科技示范园等农业园区成为上合组织国家农业技术交流的重要阵地。

2023 年，示范引领能力进一步增强，制订境外农业科技园区提升计划，在哈萨克斯坦、乌兹别克斯坦试验试种小麦、玉米、油葵等作物 6500 余亩，较好地展示了杨凌农作物良种和栽培种植技术。

4. 农业经贸及产能合作促进平台初步搭建，为实现上合组织国家间经贸便利化及经济增长点的培育奠定了一定基础

发挥杨凌综合保税区，以及国家农产品贸易服务平台、农产品加工园、物流园及杨凌自贸片区跨境电商产业园等重要功能载体的作用，设立基地经贸投资促进中心、跨境电商展示交易中心，不断拓展国际贸易空间。进一步促进上海合作组织成员国间的贸易往来。

围绕加快发展农业贸易和产能合作，持续加强与俄罗斯联邦总商会等上合组织国家商协会联系，推动俄罗斯食品农产品专列定期开行，招引京东俄罗斯国家馆落户基地。中国（陕西）商品交易中心在乌兹别克斯坦等国家围绕陕西特色农产品及农业先进技术与装备进行推广示范，陕西苹果、茶叶搭载中欧班列远销乌兹别克斯坦。

上合组织农业基地成立以来，杨凌与上合组织国家贸易额迅速增加，累计达 4 亿元，比基地成立之初增长 12 倍。其中，农食产品贸易规模不断扩大，截至 2023 年 3 月，上合组织成员国已有 12 大类 699 种动植物源性食品获得输华准入。

农业投资合作日趋深化。中国对上合组织国家的农业投资与开发从最初简单的种植和养殖领域逐步延展至农业全产业链，由农业生产领域不断向农产品加工、仓储物流、销售等环节延伸，"订单种植"及"两国双园"等多种灵活的创新合作模式日渐成熟。

5.积极进行减贫国际交流，为全球减贫事业树立上合样板

中国在减贫方面取得斐然成绩，围绕构建上合组织命运共同体这一建设"初心"，我国承诺自2021年起，用3年时间，向上合组织国家提供1000名扶贫培训名额。上合组织农业基地依托科技脱贫优势资源及经验，契合上合组织国家减贫需求，通过上合组织和中亚国家专项扶贫、减贫惠农项目培训、国际性农村发展与减贫研讨会经验分享、科技合作、农业技术示范等方式以开放的态度，加强与成员国农业农村政策对接，为各国贫困治理提供杨凌方案。2023年通过上合组织减贫和可持续发展论坛、上合组织国家减贫和发展论坛暨扶贫培训班等项目，约有70名来自上合组织国家的学员参与培训，通过理论研讨、实地考察、案例讨论等，学习中国减贫和乡村振兴经验。

二 基地建设面临的困难与问题

当前，俄乌冲突外溢、极端宗教主义等问题导致境外投资安全风险不断增大，有些上合组织国家政策不稳定、营商环境不佳等，部分上合组织国家经济体量有限、市场容量相对较小，产品需求相对有限，更多地需要我国进口其产品。杨凌拥有良好的农业国际合作基础，农业开放合作成效正在逐步显现。但面向上合组织成员国开展农业交流、示范和贸易往来等方面存在着重要资源聚合不够、持续支撑关键技术协同攻关与境外示范推广及农业产能合作项目缺乏、相关平台效能释放不足等问题，面临的主要困难体现在以下几个方面。

（一）产学研各类主体参与上合组织农业合作的机制模式有待优化与完善

上合组织农业基地需要各成员国和产学研各类主体共同参与，围绕上合组织成员国农业发展的共性问题，开展紧密而有效的合作，但成员国政治经济形势、科技发展水平与国家发展战略需求存在着差异性，对上合组织框架

下农业发展问题的理解不透、深度参与的主动性不强，常态化的农业学术交流不足，农业合作项目的数量不够、质量不高，其根本的问题在于上合组织农业基地对重要资源的整合力度和资源分配能力有待进一步提高。在遵循基地建设工作原则前提下，需要进一步创新上合组织农业合作的激励机制和约束机制，探索有效的农业合作模式和途径。

（二）农业科技合作领域以及关联性技术创新能力有待拓宽和增强

从产业纵向一体化的视角来分析，目前上合组织农业基地还没有更好地引导企业实施农业全球化的产业链布局，充分利用国际农业资源要素市场，建立上合组织国家间的全球性研发、生产、加工及销售网络，这就使农业科技合作领域受限，以及关联性农业技术创新能力不足，推广更多聚焦于产前与产中环节，如产前种质资源的培育和提供、土壤改良、农药技术等领域，产中环节的病虫害防治、生产管理监控、节水灌溉、智慧农业等方面的技术联合攻关。而有关产后的农产品流通、农产品保鲜与加工、冷链物流、农产品溯源、农产品跨境电商等的技术合作涉及较少。产业链条的后向一体化，是农产品价值增加的关键环节，对促进成员国农户收入增长、带动国民经济发展，具有重要的推动作用。

（三）农业科技合作平台运行效率及功能布局有待提高和增强

上合组织农业基地承载着科技创新、人才培育、示范推广和经贸合作的平台作用，农业科技合作平台初步具有了"根系"的吸纳能力，但"主杆"支撑能力和"分枝"造血能力严重不足，导致相关平台在各成员国设置数量不够、分布不均、功能不全。需要充分考虑各成员国的实际，对农业科技合作平台布局、平台功能、平台运行等方面进行评判，并进一步提高平台运行效率，优化平台布局，增强平台功能。

（四）农业科技交流与培训的内容及体系有待优化与提升

目前，上合组织农业基地开展的农业科技交流与培训，内容主要集中在农业实用技术、农业管理、语言文化等方面，而在讲好中国故事、传播中国农业文明、推广中国脱贫模式等方面分量不够，培训方式单一，培训体系仍以官方渠道为主。因此，加强中国治理经验的推广，丰富培训方式，搭建以官方培训为主体，以市场为导向的企业、行业协会等民间组织培训为辅助的培训体系。

（五）农产品贸易的供应链通道和配套基础设施建设相对薄弱，农产品通关效率不高

由于上合组织国家间在农业领域合作方面多边通用的标准和规则尚未完全建立及统一，农业合作面临农业贸易壁垒多、农产品质量标准差异大、结算不通畅等诸多现实制约因素，这些都为上合农业示范区开展农业领域国际合作带来了一定挑战。比如在农产品跨境贸易中，由于没有实现产品检验检疫方面的标准互认，农产品跨境贸易的成本增加。农产品进出口过境成本高、效率低依然是中国与上合组织国家农产品贸易往来的一个重要制约因素。

三 对策建议

（一）制度创新推动国际农业合作发展走向深入

一是加大政策沟通协调的力度，建立完善沟通机制，推动农业战略对话、规划对接，加强政策信息共享，进一步简化农产品市场的相互准入制度与规则，疏通合作渠道，激发合作活力。二是探索建立新型农业投资金融激励与保障支撑机制，以推动建立新型农业投资模式，加大对农业科技投资的金融支持力度。三是加强产学研合作，依托农业全产业链，从原材料、生产、市场销售环节构建农业贸易、农业投资、农业科技三者融合机制，提升农业科技合作与服务农业产业发展的广度与深度。

（二）拓宽交流合作平台范围，加快实务性合作交流的进程，形成农业国际科技合作的"上合网络"

上合组织成立20余年来，先后围绕政治、经济、安全、人文等领域在上合组织框架下设立了多个地方合作交流平台，如2007年由俄罗斯倡议成立的上海合作组织大学，通过人才培养、科研合作为上合组织具体合作领域提供智力支持。成立于2009年5月的上海合作组织青年委员会，旨在青年领袖合作、文化交流、教育合作等领域进行上合组织国家间的青年合作。近年来，中国积极推动拓展上合组织合作领域、丰富合作成果，为激发上合组织地方合作潜力，在青岛成立中国—上合组织地方经贸合作示范区，在上海设立中国—上海合作组织地方经贸合作示范区、中国—上海合作组织经贸学院；为推动农业领域合作，在陕西成立上合组织农业技术交流培训示范基地；为便利司法合作与人才培训，在上海设立中国—上海合作组织国际司法交流合作培训基地、中国—上海合作组织法律服务委员会；为助力各方把握数字经济机遇，在重庆举办中国—上合组织数字经济产业论坛等。它们既有各自的主旨与使命，又本着开放包容、合作共赢的"上海精神"而共享资源。上合组织农业基地要基于这些已有的各类平台建设基础，充分发挥自身优势，本着开放包容、合作共赢的"上海精神"和上合组织农业基地"共商、共建、共享"的初心，建立资源共享、要素流动机制，形成以基地为中心、以共同发展为宗旨的农业科技合作交流体系——"上合网络"。一方面，可为基地农业科技合作从平台管理、信息共享、项目与产业对接、人员交流等方面提供有力支撑，另一方面，上合组织平台间的合作与交流还将带动组织成员国间的互动，提升基地的影响力及带动能力。

（三）聚焦旱作农业种养加技术等关键技术，协同推进农业适用机械技术与设备的应用

应对气候干旱、土壤盐碱等共性问题，上合组织农业基地要聚焦旱作农

业种植、养殖和加工等关键技术进行攻关研发。一是发挥上合组织农业基地4个平台作用，集中开展作物、林果、畜禽种质资源创制及新品种培育，加强新品种配套技术集成研发，推动各成员国农业科技示范园区建设，注重农业科教人才交流、农业技术人才培养和农业生产者的培训，促进上合组织国家农业现代化。二是集中开展农产品加工工艺、加工设备研发和农产品贸易体系建设工作，通过产业链延伸、价值链提升、技术链增进、产品链优化等途径，提高上合组织国家农业生产效率，实现农产品自由贸易。三是集中开展农业机械与设备研发与应用，针对农业生产周期长、环节复杂，对农业机械与设备类型和规格要求高等实际问题，在新型农业机械与设备研发的基础上，创新农机装备与使用技术推广模式，构建农机装备标准化服务体系，提供上合组织国家农业生产机械化水平。

（四）开展特色农业"跨境"产业调整，更好地确保粮食安全

结合上合组织国家资源禀赋特征和战略目标，充分发挥各成员国互补互利和国内国际两个市场作用，做好农业产业结构布局和调整。一是充分利用上合组织国家资源优势，优先推动林果、畜禽产业在各成员国的规划布局，奠定自由贸易的基础。二是落实国家粮食安全战略，严守耕地保护利用红线，实现基本农田全部用于粮食和重要农产品生产，确保粮食安全生产。三是发挥自贸区和保税区的作用，积极推动上合组织国家农产品国际贸易交流，满足市场需求，保证居民生活质量。

（五）以数字科技、农业标准赋能农业合作，促进产能合作升级，提升基地示范引领高度

一是依托上合组织农业基地，构建国际农业数字化合作运行机制，如以现代信息技术、数智技术赋能各国传统农业生产的数字化改造，整合各成员国农业科技优势资源，搭建上合组织国家数字技术服务与交易平台，提高成员国间的农业生产灾害风险联动预警及治理能力，延伸农产品国际供应链，确保国际农业合作的稳定和安全。二是加快建设杨凌综合保税区

二期、上合组织农业基地农产品国际贸易港等重点项目，申报建设粮食、肉类等品类口岸，争取中欧班列长安号发到杨凌，完善农产品贸易平台支撑。持续在农业标准互认、消除技术壁垒等方面探索创新，畅通合作渠道。三是研究制定上合组织成员国农业技术标准、农产品贸易技术标准等，为进一步扩大科技交流与合作提供技术支撑。依托秦创原农业板块、产业创新中心和现代农业国际联合实验室等平台，不断产出与上合组织国家关联度大、科技含量高、适用性强的农业科技成果，尽快在上合组织国家间形成"头雁效应"。

（六）探索以企业为主体，境外经济贸易合作区为依托的市场化农业科技合作新模式

依托境外经济贸易合作区进行跨国贸易投资经营是企业"走出去"及"引进来"的重要渠道之一。据中国商务部统计，截至2020年底，中国在外设立的境外经贸合作区共有20个，其中，与上合组织国家建立境外经贸合作区7家，其中4家涉及农、林、牧、渔产业，3家为综合类经贸合作区，如表2所示。

表2 上海合作组织成员国相关的境外经贸合作区

序号	合作区名称	境内实施企业名称
1	巴基斯坦海尔—鲁巴经济区	海尔集团电器产业有限公司
2	俄罗斯乌苏里斯克经贸合作区	康吉国际投资有限公司
3	俄罗斯中俄托木斯克木材工贸合作区	中航林业有限公司
4	中俄（滨海边疆区）农业产业合作区	黑龙江东宁华信经济贸易有限责任公司
5	俄罗斯龙跃林业经贸合作区	黑龙江省牡丹江龙跃经贸有限公司
6	吉尔吉斯斯坦亚洲之星农业产业合作区	河南贵友实业集团有限公司
7	乌兹别克斯坦"鹏盛"工业园	温州市金盛贸易有限公司

资料来源：商务部网站。

企业是技术创新及推广的重要主体，依托境外经济贸易合作区这一重要平台，研究创新有关政策措施，引导企业参与基地建设，探索建立境外农业

科技攻关、技术推广团队,创新科技合作模式,打造以企业为主体、境外经济贸易合作区为依托的"企业+境外经济贸易合作区"的市场化合作新模式,加速畅通杨凌农业科技成果和技术境外转移转化渠道,不断扩大境外农业科技示范推广效应。

（七）讲好中国故事,传播农业文明,打造杨凌上合农业品牌与形象

上合组织农业基地既是农业领域合作共赢的平台,也是农业文明互建的载体。全球大的趋势是经济文化化、文化经济化、经济文化一体化。要思考什么样的中国企业形象走出去,什么样的农业文明、农业智慧传播出去,杨凌品牌要展现什么;从大的层面来看,我们在上合农业合作中展示发展与稳定的中国、开放与便利的中国,传播并践行习近平总书记倡导的正确义利观,争取与合作对象结成"利益共同体""命运共同体",让合作对象看到、得到实际利益。从微观层面来看,讲好中国故事,不仅要将先进技术、好的产品带出去,也需要重视中国传统农耕文明的传播,如古代的重农思想及生态农业的理念与实践,这也是杨凌农业上合形象及品牌之展现。

B.14
2023年陕西西安丝路科创中心建设报告

段利民　张　欢[*]

摘　要： “一带一路”倡议提出十年间，陕西西安作为重要节点，着力建设具有全国影响力的丝路科技创新中心，在国家中心城市辐射带动方面不断发挥作用，提升区域科技创新整体水平，强化创新策源地作用，增强自主创新能力。本文主要对2022~2023年丝路科创中心建设进行分析，首先对丝路科创中心建设的总体思路进行梳理，并总结了秦创原、“科学城”、“软件城”的建设成效。其次，发现建设丝路科创中心过程中遇到的困难：科教资源雄厚，却陷入“资源诅咒”；顶尖技术创新人才短缺；科技创新辐射带动能力有待提升。最后，对丝路科创中心建设的未来趋势做出预测：持续推进创新驱动发展，加强创新人才培养及促进创新发展体系良性互动。并提出对策建议：深化顶层设计，优化生产力布局；实施重点突破，打造标志性成果；注重培育支持，完善体制机制；强化辐射带动，引领高质量发展。

关键词： 丝路科创中心　秦创原　丝路科学城　科技创新　陕西

　　两千多年前，古代丝绸之路从长安开始，一直往西延伸，成为东西方商贸往来的主要通道。在推动东西方经济、文化交流方面，中国和中亚各国共同谱写了一部又一部精彩的史诗。

　　时至今日，丝绸之路在贸易投资方面依然发挥着举足轻重的作用。中国

---

* 段利民，经济学博士，西安电子科技大学经济与管理学院副教授、硕士研究生导师，研究方向为技术经济与技术创新管理；张欢，西安电子科技大学经济与管理学院，研究方向为技术经济与管理。

充分挖掘与丝绸之路沿途国家可能的双赢机遇,并且进一步加强了与新兴市场国家和地区性经济实体在商业交流、基础建设等领域的协同工作。自2013年"一带一路"倡议提出以来,中国已经与152个国家和32个国际组织签订了200余项关于"一带一路"的合作文件。①

"一带一路"作为一个重要的国际合作平台,为全球的交流与连接打下了坚实的基础,为各国面临的全球性变革挑战提供了有利的环境,并且为全球的持久发展开辟了新的道路。目前,世界正处于百年未有之大变局中,新的科技革命和产业革命正在迅速崛起,科技创新已逐步转化为提升国家整体实力的主要手段和策略。陕西作为"一带一路"的重要节点,在"一带一路"倡议实施中,在全球范围内抢占新一轮的国际竞争和科技发展高地,并大力发展数字经济等战略性新兴产业,将秦创原创新驱动平台作为陕西创新驱动、产业发展和高质量发展的新引擎;积极推进"丝路科学城""丝路软件城"等重大工程,深化"两链"有机结合。国家发改委、科技部于2022年12月批复支持西安建设综合性国家科学中心和具有全国影响力的科技创新中心,西安成为继北京、上海及粤港澳大湾区之后第四个获批建设"双中心"的城市。

本报告在国家批复文件及相关资料的基础上,对西安丝路科创中心建设的总体思路以及近年总体建设与成效做出总结,分析科创中心今后的发展趋势,提出相应的对策与建议,以期为西安丝路科创中心的建设提供有利帮助。

一 丝路科创中心建设总体进展与成效

(一)丝路科创中心建设的总体思路

以习近平新时代中国特色社会主义思想为指引,深入学习贯彻习近平总

---

① 数据来自2023年国家发展改革委7月新闻发布会,最后访问日期:2023年8月10日。

书记来陕重要讲话重要指示精神，坚持创新发展战略，坚持"双循环"发展理念，以打造新质生产力为引领，以综合创新改革试验区为主体，以秦创原创新驱动平台建设为抓手，立足西安、辐射西北、融入全国、放眼全球，构建内外融合的高水平科技创新合作圈，建成丝绸之路上科技创新的重要节点。

（二）丝路科创中心建设现状与成效

自2013年"一带一路"倡议提出以来，西安积极主动参与"一带一路"建设，瞄准建设具有国际竞争力的丝路科创中心的目标，在深度融入"一带一路"的同时，也让创新元素进一步聚集。在这一过程中，西安以改革创新为引领，不断推动科技、人才、产业等创新要素集聚融合，在创新驱动发展方面实现了积极有效的探索与实践，并在发展态势上取得了初步成效。

1. 以秦创原为牵引，加快科创体制改革创新

2021年3月，陕西省委、省政府在西咸新区宣布秦创原创新驱动平台（简称秦创原）正式挂牌成立。秦创原着力构建"从研发到孵化再到产业化"的科创系统，推动科创企业与产业迅速成长，努力打造成为我国创新驱动发展的核心基地与重大平台，成为"一带一路"倡议实施中的一个综合性科技创新平台。陕西省政府在2021年5月发布的秦创原三年行动计划（2021~2023年）中明确提出：到2023年，全省科技创新实力得到明显提升，力争在全国范围内取得重大突破，形成一批对产业和地区发展具有重要意义的关键核心技术。

2022年，陕西坚持五大联动战略，"三器"示范样板建设成效瞩目，综合窗口的集聚效应显著增强。在此基础上，坚持政府引导与市场主导有机结合，构建完整的科创服务体系，提高科创服务制度的效率。

2023年是秦创原启动以来的第三年，它引领支撑陕西省创新驱动发展的效能不断显现，逐步与三年行动计划的预期契合：科创服务体系延伸拓展；"三项改革"持续深化；"两链"深度融合；区域协同创新发展不断推进。秦创原在2023年上半年累计为企业提供850余万条信息，为企业解决

832个技术难题；秦创原发展股份有限公司完成2044项高校成果遴选，集聚561家专业服务机构，143个科技金融产品上线，带动了4792家创新主体。秦创原总窗口共引进14个专业服务机构、11个高校孵化器，签约134个科创企业项目，总投资1189亿元，新增科技成果转化企业207家，新增高校科技成果转化平台11个，科技型中小企业认定入库2536家，实现技术合同交易额135.29亿元。[①]

陕西围绕创新驱动发展的全局协调发展，围绕推动科技成果转化的"三项改革"，强化创新链、产业链、资金链与人才链的深度结合；以科技企业的培育为中心，营造良好的创新创业生态，通过培养与引进高层次人才，持续形成新的发展动能和新优势，力争在创新驱动发展中展现更多的作用，为全省高质量发展注入更强大的推动力。

2."科学城"赋能，夯实产业集群建设

丝路科学城是西安科技创新中的核心部分，也是西安综合性科学中心的核心区。2021年6月，丝路科学城规划正式发布：丝路科学城以科技创新为核心，积极引进大科学装置，培养一流的科技创新人才；在科技交流、园区合作等领域，与共建"一带一路"国家和地区的科技创新战略相结合，提升自身在全球科学技术发展中的竞争力。根据以上规划，丝路科学城将依托生态廊道和现有产业基础，以"一城、三区、十组团"为支撑，构建"55611"的"一城、三区、十组团"格局。

2021年全球创投峰会中，西安科创园作为崭新的丝路金融创新策源地、国际化现代化的基金小镇和金融街区正式推出亮相。注重引进各类金融机构、类金融机构和高科技企业，为入驻园区的企业提供全方位的优惠政策；进一步激发创投活力，以金融之水灌溉实体沃土，努力将园区打造为一流的创投高地；此外，高新区还为园区内企业抢抓资本市场改革机遇给予大力支持，助推企业在多层次资本市场实现跨越式发展。自2021年10月首只基金入园至2023年年中，西安科创基金园累计管理规模破百亿元，共吸引了32只基金入园，包括

---

① 数据来自西安市科学技术局，最后访问日期：2023年8月11日。

24 只基金和 8 家基金管理机构，彰显了"高新速度"和"高新实力"。

在科创金融发展方面，园区结合西安高新区高新技术企业及前海众多私募投资机构聚集的优势，设立西安科创基金元创投服务中心（前海创投中心），以西安科创基金园为主阵地，充分发挥促进创新链、资金链、产业链对接融合、资源和服务共享、互利共赢的综合服务平台的作用，持续激发市场活力、赋能产业发展升级，促进具有高新特色的现代化产业体系快速形成。在入园基金上，西安科创基金园围绕高新区优势产业在基金选择上精心布局，基本与"55611"现代产业体系相吻合，如投资新能源、新材料、生物医药、光子材料等领域的财金特精投资基金。

丝路科学城建设与发展，以产业发展为核心支持。丝路科学城自项目启动以来，就加快新一代信息技术、人工智能、新能源、物联网等新兴产业的融合集群式发展。目前，该地区已集聚了比亚迪、三星、中兴、奕斯威、国际医疗等 4000 余家国内外著名企业。

光电信息产业是丝路科学城产业布局的重点，是高新技术产业集群的重要组成部分。唐晶量子是这一领域的龙头企业，正致力于量子化合物半导体外延片的研究与制造，这一项目的实施，将对提高我国新材料产业的科技水平、形成产业集群、带动国内半导体产业的发展起到积极的作用。在丝路科学城，不仅有唐晶量子，还有一大批光电信息产业项目正在加速推进，如集成电路产业基地、先进光电子器件工程创新平台等，西安高新区光电信息产业的龙头地位也将得到进一步巩固。

2022 年，在丝路科学城暨高新区城市发展机遇推介活动中绿城倍挺等多个项目签约落户。高新区成功争创全国唯一综合性科学中心和科创中心"双中心"核心承载区，全社会 R&D（科学研究与试验发展）支出占 GDP 比重达 7.5%；全年新增科技型中小企业 4607 家，新增上市企业 10 家；完成技术合同交易额 1100 亿元，同比增长 65%；高技术产业产值、战略性新兴产业产值增速均超过 30%，成为科技自立自强的重要承载地。[①]

---

① 数据来自"四个高新"跨越年新闻发布会，最后访问日期：2023 年 8 月 13 日。

2023 年上半年，西安高新区新增科技型中小企业 3438 家，同比增长超40%；培育入库国家级高新技术企业 1500 余家，累计送审企业 1023 家，占全市 50%，完成技术合同交易额 720 亿元，同比增长 12.7%；"科创九条"政策预计兑现资金 5 亿元，7000 余家企业从中受益。2023 年，西安高新区全力加快"双中心"核心区建设，以丝路科学城为承载，落地总投资 39.09亿元的 20 个高能级创新平台项目，并争取国开行 50 亿元政策性贷款落地。[①] 同时，西安高新区围绕"新型研发机构—科学园—科学城"的创新平台体系，加快实施 39 个"科创高新"项目。

2023 年 9 月 11 日，西安高新区举行集中签约仪式，总投资 382 亿元的31 个项目落地丝路科学城，签约项目涵盖了科技创新、新消费、制造业等多个领域，将进一步夯实丝路科学城的产业根基，释放科创活力，完善城市功能配套。[②] 比如，华润万象生活将入驻永安滨荟中心，中国供销集团将打造万汇广场高品质农商综合体，共同推动区域内以文旅科创为内涵的商业多元化发展。

丝路科学城建设之初的目标是"一年见雏形、三年出形象、五年成规模、十年立新城"，2022 年中，已经基本上达成了"一年见成效"的目标。西安高新区通过两年多的建设，初步形成了"产城一体"的雏形，各项重大工程有条不紊地进行着，"三年见成效"的宏伟蓝图已在眼前展开。西安高新区将抓住机遇，继续加大力度，加快丝路科学城的建设步伐，一步一个脚印，将丝路科学城的蓝图变为现实，为全市率先实现高质量发展、实现现代化作出自己的贡献。

3. "软件城"聚焦智慧产业，带来发展机遇

2021 年 11 月，在丝路科学城引人注目的同时，丝路软件城正式亮相，以现有软件和信息技术服务的产业优势，构建"2+5+N"产业格局。目前聚集了中兴、海康威视、中软国际等 46 家中国软件百强企业，成为众多国

---

① 数据来自"四个高新"半年报，最后访问日期：2023 年 8 月 13 日。
② 数据来自《西安日报》（数字报）（2023 年 9 月 23 日），最后访问日期：2023 年 11 月9 日。

际知名公司高端研发承载地。丝路软件城作为西安打造硬科技之都的"核芯"板块之一，同丝路科学城共同为陕西发展提供力量。到 2023 年 8 月，一批具有较强支撑和带动作用的重大项目已全部竣工，加快建设投产。

中电科太极西安产业园作为省市重点项目，将建设成中国电科太极集团与太极计算机股份有限公司面向欧亚和中国西部区域发展的交付中心；和利时西北总部基地将负责众多产业项目的产品研发和试验以及轨道交通智能检修业务与工业信息安全业务的新产品试制。另外，海康威视西安科技园项目助力智能物联网产业发展，其建成后将共同培育智能安防生态圈，促进视频技术、视频应用等领域人才、技术、创新成果在西安市、高新区聚集，带动产业结构升级。这些项目建成后将为丝路软件城的发展增添新的色彩，同时也为"科创高新"的建设增添新的动力。

二 丝路科创中心建设面临的困难与问题

（一）发展方向分散，核心产业不够聚焦

陕西特别是西安的科教资源丰富，优势突出。截至 2022 年底，西安有科研机构 460 余家、省级以上重点实验室 164 个、工程技术研究中心 154 个、企业技术中心 237 个。① 此外，陕西还有普通高等学校 88 所，建有 21 所国家级创新创业基地和示范大学。西安雄厚的科研力量，让它取得了许多重要的研究成果，但大量的科技资源与高校研究成果，使可以转化的产业方向较多，也让西安面临着困难的抉择，导致产业方向很难聚焦。

（二）顶尖技术创新人才短缺

西安作为丝绸之路的重要节点，区位条件非常突出。借助共建"一带一路"机遇，吸引更多的科技创新人才、企业落户，推动丝路科创中心建设与发展；西安市政府非常重视建设丝路科创中心，并制定了一系列相关的

---

① 数据来自陕西省人民政府官网，最后访问日期：2024 年 1 月 29 日。

政策，包括加强对科技创新人才的引进、培养、资助和奖励；西安地区高等院校和科研机构也为丝路科创中心培育了一批具有自主知识产权的创新型人才，为区域经济发展做出贡献。然而，西安虽然具有吸引高科技人才的优势，但仍然面临着人才外流的问题。究其原因，在于薪酬、发展机会等制约了丝路科创中心对高端人才的引进。必须加大资金投入，提供优惠政策，提供优厚的薪酬和发展机会，引进创新团队和个人，同时，要加强与高层次人才的联系与沟通，及时了解其所需，为其排忧解难，进一步提升科创中心的吸引力，为科创中心的建设与发展提供强有力的人才支持。

（三）科技创新辐射带动能力有待提升

打造世界一流的丝路科创中心，除了要有一个核心的创新中心外，还要有与之相呼应的产业腹地。正如上海对长三角的辐射、粤港澳对珠三角的影响，科技核心区与工业腹地之间的相互影响较大。西安以关中为产业腹地，但与长三角、珠三角相比，关中区域在规模、技术要求等方面存在明显不足，已成为制约西安高新区发展的瓶颈。因此，要提高西安科技创新的辐射带动能力，就必须走出地域，将自身与域外的产业腹地连接起来，在更广阔的空间里使科技和工业之间形成良好的互动关系，将科技和工业资源进行更大程度的融合，不断提高西安的核心地位和影响力。

三　丝路科创中心建设趋势与对策

（一）趋势分析

2022年底西安获批建设具有全国影响力的科技创新中心，这既是对西安丝路科技创新中心历史工作的肯定，也对西安丝路科技创新中心未来发展提出了进一步的要求。

首先，西安丝路科创中心将会成为西安加快形成新质生产力的重要抓手。伴随着西安丝路科创中心建设的推进，西安市将充分发挥教育、科技、人才等方面的资源优势,持续强化企业科技创新主体地位,不断形成技术突破,不断优化生产要素配置,不断实现产业升级和转型,从而形成西安的新质生产力,为西安经济发展注入新动能。其次,西安丝路科创中心建设将会与西安产业发展形成良性互动,目前西安已经形成了电子信息、汽车、航空航天、高端装备、新材料新能源 5 个千亿级的硬科技产业集群,西安丝路科创中心建设将会助力西安培育战略性新兴产业,超前布局未来产业,有利于西安产业结构的优化和升级。最后,西安丝路科创中心建设也将会推动西安市创新人才培养。西安市教育资源得天独厚,西安丝路科创中心建设中必将继续加大对创新创业人才的引进和培养,吸引国内外的杰出人士,特别是数字技术人才,提高科技创新水平,同时通过与高校、科研机构和企业合作,建立国际人才培养基地,推动西安人才和产业的结合,使人才资源优势向产业发展优势转变,激发人才创新和创业的动力。

(二)对策建议

1.深化顶层设计,优化生产力布局

作为全国知名的科研中心,西安的科研优势主要集中在机电、交通、能源等技术领域,略显不足的是科学研究的前沿水平。这实际上不利于西安对后续科技产业革命的把握,是制约西安未来创新发展水平提升的潜在根本因素。因此,西安应进一步加强顶层设计,优化生产力布局,提高城市综合竞争力。优化布局即调整西安区域科技创新活动的空间分布和区域分布。在空间布局上,注重引导各领域科技资源集聚,加强科技资源集聚和跨区域协作。在产业布局上,要突出西安的使命定位和前沿性质,将更多资源配置到国家战略核心技术研究上,使西安在未来可能取得突破性进展的前沿科学研究中发挥重要作用。因此,在未来的一段时间,西安科技创新活动以国家使命为导向、以未来先导为终极目标。

2.实施重点突破,打造标志性成果

西安在建设高质量的科技创新中心时,首先需要选择一个或多个科技创新的重点方向和重点领域。众所周知,西安是我国首屈一指的航空航天产业

发展重镇，其航空航天领域的科技、产业及人才达到了全国的1/3。西安作为航空航天双产业重镇，拥有完备的航空、航天产业链条，"空天一体"的发展已经迈入新的阶段。西安航天城在全国范围内率先制定了一套完整的商用航天发展政策，从九个方面加大扶持力度，引进并培育一批像银河航天那样的商用航天领域的龙头企业，并引导和培育具有技术创新和产品成熟的商用航天企业，做好项目支撑，推进链式服务，优化商业航天在航天产业链上的布局。西安基础良好，应当把更多的精力投入航空领域，使其成为更加精尖的行业。在同样科研资金的投入下，产业与产业之间的发展速度与程度互不相同，西安应将发展航空航天产业作为西安建设科创中心的首要任务，这样可以避免把更多的资金投放在已经相对成熟、缺乏创新空间的领域，造成科研资金的浪费。

3. 注重培育和支持，完善体制机制

西安的科技创新中心不仅要依赖于各大高校、科研机构的合作，更要以高新技术工业园区为依托。因此，必须对已有的科技产业园区进行优化，加强园区的培育能力，使高新区成为西安高新技术产业和未来产业发展的主要平台，将其他地区作为辅助，形成一个深度赋能的高科技产业培育系统，并在此基础上，建立一批以高精尖产业和未来产业为主的孵化基地。

西安作为国家明确建设的国际化大都市之一，在建设具有国际影响力的科创中心的过程中，急需一大批具备国际化眼光、高素质的人才。智库是丝路科学城建设的重要组成部分，它将在丝路科学城建设中的科创产业、科创载体和科技服务等领域发挥重要的作用。因此，西安在创建国家科技创新之路上，要持续健全创新链，培育一流的科技创新能力和原始创新能力，加快将科技创新成果转化为现实生产力，进一步优化制度和机制，让"四链"更好地结合，把国家重大科技工程做好，将它建成国家重要的科研和文化教育中心、高新技术产业和制造业基地，努力在以创新驱动引领高质量发展上争做西部示范，强化国家战略科技力量，为奋力谱写中国式现代化的陕西新篇章注入强劲动力。

4. 强化辐射带动，引领高质量发展

在"一带一路"倡议提出 10 周年之际，随着"双中心"建设获得批准，全国中心城市建设初见成效，西安进入新的发展阶段。要以支撑全国，服务全国，辐射"一带一路"为目标，将京津冀、长三角、大湾区，以及西部的各种科技、产业资源和核心要素有机结合起来，促进西安高新技术产业的转型，形成新的发展优势，提升科技创新的辐射力，使科技创新服务于陕西西安，服务于西部经济社会的高质量发展。例如，以"北跨"为依托，服务大西安发展，贯彻落实"双中心"的国家战略；以秦创原创新驱动平台为先导，构建"北跨"科创走廊，实现创新链和产业链有机结合，在关键核心技术上取得突破；促进产业转型升级，增强区域创新实力。

案 例 篇 ▷

B.15
"一带一路"粮油合作：爱菊集团案例

刘肖楠　刘东萌*

摘　要：　　"一带一路"倡议提出十年以来，爱菊集团作为陕西共建"一带一路"过程中的优秀企业代表，为"一带一路"的建设和发展贡献了重要力量。多年来，爱菊集团聚焦粮食安全，积极探索和参与共建"一带一路"，不仅创立了粮食进出口、加工等一系列行业新模式，也从社会责任和国家发展的角度走出了一条国际产能合作的典范之路，是陕西共建"一带一路"的优秀案例，也为其他产业和企业走向国际提供了成功经验，具有借鉴意义。

关键词：　　爱菊集团　"一带一路"　粮食安全

党的二十大报告指出，全方位夯实粮食安全根基，牢牢守住 18 亿亩耕地红线，确保中国人的饭碗牢牢端在自己手中。西安爱菊粮油工业集团有限

---

* 刘肖楠，陕西省社会科学院金融研究所助理研究员，研究方向为"一带一路"、地方金融；刘东萌，西安爱菊粮油工业集团党委副书记、副总经理。

公司（简称爱菊集团）作为陕西省内粮食企业，不仅在本土粮食产业具有代表性地位，在打造粮食海外仓、构建国内国际粮食进口双循环新发展格局的进程中也起到了重要推动作用。

作为"一带一路"倡议的践行者、探索者和受益者，爱菊集团积极响应"一带一路"倡议，走出国门、建设通道、构建产业体系，取得了显著成效。作为陕西企业"走出去"和参与建设"一带一路"的优秀代表，爱菊集团取得的一系列成绩值得肯定，也为今后陕西广泛参与共建"一带一路"提供了成功的经验和良好的借鉴。

一 爱菊集团参与共建"一带一路"的显著成效

爱菊集团始建于 1934 年，现为国家级农业产业化重点龙头企业、全国供应链创新与应用示范企业。作为一家老字号粮油企业，爱菊集团一直重点关注和不断寻找"优质的粮食源地"。适逢共建"一带一路"倡议提出，爱菊集团积极响应，经过反复调研和多方考量，最终因哈萨克斯坦具有良好自然条件、土地资源和发展前景，且同属于共建"一带一路"国家，将其确定为新的粮源基地。2015 年 12 月，"对哈投资合作协议"正式签署，在两国领导的见证下，爱菊集团走上积极打造和探索国际粮油新通道之路。2016年 5 月，爱菊集团开始建设北哈州农产品物流加工园区，园区分为粮油生产收储与食品加工、牛羊养殖与牛羊肉加工、乡村旅游、产业技术服务、中国商品展销馆五大板块，占地 5000 亩，计划投资 20 亿元。中国—中亚峰会举办后，爱菊集团又追加投资 1. 27 亿元，计划在哈萨克斯坦北哈州、科斯塔奈州各建一个粮食和物资集结中心，进口优质粮、饲料粮和其他优质农副产品，以满足陕西省及其周边省份粮食供应需求。为持续构建"一带一路"跨国农业全链条发展体系，爱菊集团的商业版图继续扩张，2023 年 9 月初，陕西省商务代表团访问北哈州期间，哈萨克斯坦国家投资公司（KazakhInvest）与爱菊集团签署了谅解备忘录，计划投资 1600 万美元，建设一个产能 30 万吨的配合饲料生产工厂。截至 2023 年 9 月，北哈州农产品物流加工园区已建成年加工 30 万吨的油脂厂 1 个，合计仓容 15 万吨的粮库 2 个，配备年物流能力 50 万吨铁路专用线 4 条，推广小麦、油菜籽、葵花籽"订单农业"种植 150 万亩，建成日处理 1000 吨的烘干塔、日处理 500 吨油脂浸出车间 2 个。爱菊集团北哈州农产品物流加工园区是"中哈产能投资与合作清单"中唯一的农业加工型粮食项目，对两国均具有重要意义，受到哈萨克斯坦各级政府的高度关注与支持，也是陕西共建"一带一路"的典型案例代表。目前，爱菊集团的二期项目美奈食粮库物流加工基地正在扩容建设，建成后年吞吐能力将达到 100 万吨，包含 10 万吨面粉加工线、30 万吨混合饲料加工线、30 万吨散粮灌装线和 30 万吨包装粮灌装线，建成之后年吞吐能力将达到 100 万吨。下一步，爱菊集团将在哈萨克斯坦、俄罗斯新建 10~20 个兼具粮食收购物流职能的粮库。积极筹建粮食集散中心，与我国"走出去"的企业共建农产品园区，形成产业集群，共赢发展。

多年来，爱菊集团立足国内，搭乘"一带一路"东风，积极探索"粮食安全"供应链新模式。紧扣为消费者提供优质健康粮油产品这一宗旨，以爱菊品牌为依托，以中外双循环为抓手，积极促进产业链、价值链、供应链三链协同，目前已建成"以北哈州爱菊农产品物流加工园区为集结中心、新疆阿拉山口农产品物流加工爱菊园区为中转分拨中心、西安国际港务区爱菊农产品物流加工园区为集散中心"的三位一体优质粮食大物流、大加工体系，形成了"以国内大循环为主体、国内国际双循环良性互动"的新发展格局，打通了我国与共建"一带一路"国家特别是中亚国家的物流供应链，让境外优质粮源"买得到、运得回"，让我国特色轻工业产品出口国际，竭力打造"从田间到餐桌""从种子到筷子"的全产业链发展模式。

二 爱菊集团参与共建"一带一路"的成功经验

（一）重视基础设施建设

在参与共建"一带一路"过程中，爱菊集团统筹规划，布局中亚及周边国家，铸就"一带一路"粮食进出口陆路通道，构建"三位一体"枢纽体系，形成"三位一体"流通大通道，以打造"国内国外两个市场资源"相互融合的国际化平台企业和物流供应链企业为主要目标，在物流体系和园区建设上下足功夫，为国际粮食进出口通道的打造奠定了坚实的基础。基础设施是贸易合作长远规划的重要一环，连通内外，辐射范围广泛。北哈州爱菊农产品物流加工园区为"境外前沿产地枢纽"，主要侧重"原料和初加工"，为中哈贸易的重要物流枢纽节点，为"一带一路"中欧货运班列的关键节点，"内"可辐射北哈州乃至周边数百公里的其他州，"外"可连接西西伯利亚平原优质农产品产地，进口俄罗斯、乌克兰等周边国家的优质小麦、油菜籽等原料。新疆阿拉山口农产品物流加工爱菊园区为"境内中转集散枢纽"，主要侧重功能为"精深加工和分拨中转"，具有"境内关外"这一特殊性，为连接中外的关键节点。"外"可直接连接北哈州爱菊农产品物流加工园区，"内"可直接连接全国各大城市。西安国际港务区爱菊农产品物流加工园区为"境内集散枢纽"，主要侧重功能为"集散辐射"，位于全国唯一内陆港西安国际港务区，是"一带一路"桥头堡，是西北枢纽龙头，可以此为中心，辐射西北、面向全国。

（二）推行创新合作模式

爱菊集团结合哈萨克斯坦当地产业发展实际情况，考虑到哈萨克斯坦"种粮难、卖粮难"问题突出，推行"政府+银行+企业+农场主+高校"的新型"订单农业"合作模式，并通过订单收购的方式，解决了哈国农场主的种粮费用问题，带动当地种植业发展，受到哈萨克斯坦社会一致欢迎。该模式打造了一个产业闭环，即银行给予农户贷款、政府给予银行借款贴息、政府给予农户种植补贴、政府给予企业出口退税等补贴，实现多方共赢，逐步建立中外农商互联农产品跨国供应链，从而确保长期稳定的优质粮源供给。目前已在哈萨克斯坦推广"订单农业"种植150万亩，后期将逐步扩大至200万亩以上。爱菊集团积极推行创新合作模式，不仅解决了两国产业发展差异带来的合作困难，也进一步提升了我国在哈萨克斯坦的影响力。

（三）探索高效运输方式

中欧货运班列（长安号）因中哈铁轨宽度不一致，需在阿拉山口处进行换装，且原粮食为袋装运输，换装在难度和效率上都面临一定挑战。为此，爱菊集团积极沟通，最终探索出一个高效的可行性方案：哈萨克斯坦到阿拉山口采用开口漏斗车进行运输，阿拉山口到西安采用普通集装箱进行散粮运输。同时对卸粮设备进行改良，以后翻式液压翻板卸粮替代原来的侧翻卸粮。原本袋装集装箱专列从装车到卸货需要 25 天时间，而改良后缩短为15 天，有效提升了境外粮食运输的效率。运输量也从袋装集装箱每个箱子装运 21 吨小麦，提升为散装集装箱每箱 27 吨小麦，既节约了运输和人力成本，也大大方便了海关的抽样检验。在提高运输效率、畅通供应链方面，爱菊集团积极推动陕西自贸区仓单归并的实施，一列火车可以归并报单。另外，实现了散装粮的运输，食用油采取液代运输方式进行，解决了国际运输油罐车不足的问题，大大提高了通关时效。

（四）促进人才技术合作

在产业合作的基础上，爱菊集团、西北农林科技大学、哈萨克斯坦国立大学进一步共建"国际化人才培养实践基地、粮油产业科技创新基地"。三方通过共建联合实验室，开展境外种子研发、田间管理、技术指导等农业技术合作创新，积极服务当地农业产业，有效提高了当地粮食的产量和质量，提升农业现代化和产业化水平。同时，以共建人才培训中心的方式，依托上合组织人才培训基地，积极进行国内国际农业人才的综合培训。培养适应新时代、新技术的农业技术人才，为粮食产业输送更多技术骨干。在人才合作的基础上，输出我国种子、农机、化肥、农药及畜产品养殖和加工技术，与当地农业实现更加密切的合作和交流。

（五）履行企业社会责任

在中哈粮食贸易日益发展的同时，爱菊集团着眼长远，在推动长期国际合作和融入当地社会方面主动作为，积极履行优秀企业的社会责任。在哈萨克斯坦当地积极参与社会公益事业，如捐资助学、捐建住房、扶贫助弱等，变"走出去"为"融进去"，促进"民心相通"，筑牢民心基础，为企业可持续发展打下了坚实基础。这一系列行动不仅使企业能够更广泛为当地人接受和肯定，推动中哈贸易长远发展，也使得我国的国际形象进一步提升。

三　爱菊集团参与共建"一带一路"的借鉴意义和发展建议

（一）借鉴意义

爱菊集团参与共建"一带一路"取得的显著成效进一步说明了，高质量共建"一带一路"，全面推进"五通"合作是根本，也是关键。

在政策沟通方面，在中哈两国政府和领导的关注和"中哈投资合作协议"签署的推动下，爱菊集团北哈州农产品物流加工园区得以快速推进，稳步发展。在设施联通、贸易畅通方面，爱菊集团布局中亚及周边国家，构建哈萨克斯坦北哈州、新疆阿拉山口与西安港务区"三位一体"枢纽体系，形成加工、仓储、物流"三位一体"流通大通道，让粮食"买得到、运得回"。在资金融通方面，爱菊集团在哈萨克斯坦建立的农业示范园区得到了哈萨克斯坦各级政府的高度关注与支持，已获得当地补贴3200万元，同时获得当地银行低息贷款折合人民币8000万元。在民心相通方面，爱菊集团积极履行社会责任，充分融入当地发展，使得贸易环境更为和谐，两国合作更加友好。

沟通紧密连接，设施联通推动交流，贸易畅通快速发展，资金融通不断创新，民心相通日益拓展，合作成效显著，国际经贸往来更加密切，推动共建"一带一路"长远发展、互利共赢。

（二）发展建议

当前，爱菊集团打造国际粮食进出口新通道的工作取得显著成效，中哈农业合作也不断走深走实，这对陕西乃至全国参与共建"一带一路"、推动粮食产业国际贸易合作都具有重要意义。为进一步促进粮食产业发展，推动国际进出口通道的畅通，还应考虑完善以下几方面的工作。

一是重视提高进出口报关效率。随着共建"一带一路"长远发展，国际贸易产品的数量也会稳步增长，粮食、食品等产品因对保鲜具有较高要求，应考虑通过设立"进口产品区外监管区"等方式，进一步提高产品的时效性，缓解企业压力。随着中欧国际班列数量增加，国际往来货物运输和滞留的时长也有所增加，对于农产品等特殊商品，应重视进一步提升粮食通关便利化水平，加快粮食流通。二是推动贸易产品标准互认。粮食产业在各国发展程度不一，执行和检验标准也存在较大差异，这对进出口贸易产生了一定影响，在保障粮食安全的前提下，我国政府可探索与贸易往来国家的标准互认工作，推动进出口贸易的进一步发展。三是以龙头企业为引领，促进形成产业集群。以成功"走出去"的企业为标杆和引领，积极引导相关产业向海外探索和发展，实现合作共赢。为进一步促进粮油等涉农企业对外开放，可以依托当前爱菊集团在海外开拓的良好局面，打造从种子种植、田间管理到农机农资服务综合一体的对外综合服务平台，带动更多涉农产业链上的企业"走出去"，也带动国际国内农业发展。

B.16
"一带一路"医药合作：
西安中医脑病医院案例

王 辉 张丽姝*

摘 要： 共建"一带一路"倡议提出以来，西安中医脑病医院作为首批"国家中医药服务出口基地"积极推进中医药服务贸易，使"中国医术、中国医生、中国疗效、中国服务"在共建"一带一路"国家和地区形成了良好的口碑。多年来，西安中医脑病医院秉承"以针带药、以医带药、以医代培、以医代销、以医带游"国际发展策略；加强人才队伍建设，打造过硬的国际交流团队；推进与国际接轨的服务贸易平台建设；组建陕西中医药服务国际合作联盟；发起筹建陕西省服务贸易协会，积极开展中医药诊疗与康复、教育培训、学术交流、养生保健、旅游康健等中医药服务贸易，是陕西共建"一带一路"的优秀案例。

关键词： 西安中医脑病医院 "一带一路" 国家中医药服务出口基地

两千多年前，中华民族的先辈们筚路蓝缕，从古丝绸之路的起点长安出发，穿越草原沙漠，开辟了联通亚欧非的陆上丝绸之路；他们扬帆远航，穿越惊涛骇浪，闯荡出连接东西方的海上丝绸之路。古丝绸之路绵亘万里，延续千年，书写了人类发展进步的篇章。两千年后，在共建"一带一路"倡议下，古丝绸之路正不断焕发新的生机与活力。

---

* 王辉，西安中医脑病医院国际部、脑瘫科主任，主任医师，硕士研究生导师；张丽姝，陕西省医师协会健康传播工作委员会副总干事，西安中医脑病医院宣文部主任。

中医药学作为世界医学的重要组成部分，是中华民族对构建人类健康命运共同体这一时代呼唤的最好回应。中医药国际交流与合作，成为共创"健康丝绸之路"、促进共建丝路国家和地区民心相通的重要"使者"。

位于古丝绸之路起点上的西安中医脑病医院（以下简称医院），是由陕西省中医药管理局批准并直管、经国家中医药管理局评定的三级甲等中医专科医院。医院是陕西中医药大学、西安医学院的附属医院，世界中医药学会联合会小儿脑瘫专业委员会会长单位、陕西省中医药对外交流合作基地、陕西省国际医学交流促进会脑病康复专委会主委单位。2019年，医院被商务部、国家中医药管理局认定为首批国家中医药服务出口基地。

多年来，医院充分发挥中医药特色优势，积极开展国际中医药合作，以积极行动响应"一带一路"倡议，按照商务部和国家中医药管理局提出的基地建设要求，在基地建设领导小组的领导下，积极践行"以针带医、以医带药、以医带培、以医带销、以医带游"的"五带"中医药服务链新模式，积极推动中医药服务贸易高质量发展，在共建"一带一路"国家和地区奏响了"中国医术、中国医生、中国疗效、中国服务"的进行曲。

一 深化医疗卫生合作，着力增加优质中医药服务供给

（一）专设国际医疗部，服务外籍患者

医院设有国际医疗部，在"十四五"期间接诊了来自美国、加拿大、爱尔兰、俄罗斯、哈萨克斯坦、巴基斯坦等多个国家的外籍患者，受到患者及家属的广泛赞誉。2023年来自俄罗斯、哈萨克斯坦等国的7名外籍患者在基地进行中西医结合康复。

（二）开展国际远程会诊，中医诊疗实现"零距离"

改造远程会诊室，搭建"互联网医疗+中医药"国际智慧医院，为境外用户提供线上问诊、会诊等服务。自新冠疫情以来，国家中医药服务出口基地通过国际远程会诊平台为境外患者进行远程会诊200余人次。

（三）加强中医药海外中心建设，播撒中医药文化种子

2013年7月，西安中医脑病医院与俄罗斯巴什科尔托斯坦共和国藏医科研中心（乌法市）签署合作协议。每年由医院派遣中医药专家赴俄罗斯提供中医药服务，治疗脑瘫、脑积水、癫痫等儿童脑病和成人脑病及常见病。外派中医药专家为患者提供中医药诊疗与康复的全方位服务，并通过传帮带等方式为当地培养"洋中医"，致力于中医药的传承与推广。合作多年来，累计派出中医药专家18人次，为16000余名患者提供中医药服务，实现了社会效益和国际合作效益共赢，受到患者广泛赞誉，在当地初步形成中医药品牌效应。

医院自2019年起与哈萨克斯坦合作共建的西安国际中医诊疗康复中心（西安诊所），于2021年正式开业。该中心于2022年被纳入落实中国—中亚五国第二次外长会晤成果项目，建设中国—哈萨克斯坦传统医学中心。2023年4月在哈萨克斯坦阿斯塔纳市租赁了中心新址，并进行装修改造；5月正式派出5名专家赴哈萨克斯坦开展业务。截至2023年12月，平均每天在中心治疗和进行康复训练的患者达15～20人。在中国—中亚峰会期间，医院通过国际远程医疗中心与中哈传统医学中心为哈萨克斯坦患者开展了2次远程会诊。

2022年12月，在陕西省外办、省中医局有关领导的共同见证下，挂牌中国—哈萨克斯坦传统医学中心阿拉木图分中心。2023年5月，医院与哈萨克斯坦阿拉木图A-CLINIC医疗中心签订了进一步深化扩大合作的协议，共建中国—哈萨克斯坦传统医学中心阿拉木图分中心。

二　加强卫生领域互访交流，助力构建
人类卫生健康共同体

医院派代表赴美国、俄罗斯、法国、瑞典、意大利、匈牙利、泰国、南非、澳门等 20 余个国家和地区参与海外国际学术交流活动 50 余次。如 2014 年法国宜世高等精神运动与康复学院 50 周年院庆暨精神运动国际学术交流大会、2016 年瑞典国际脑瘫联盟成立大会、2016 年世界针联第二届俄罗斯贝加尔湖国际传统医学研讨会、2017 年泰国曼谷第十四届世界中医药大会、2018 年中国（澳门）传统医药国际合作论坛、2018 年法国巴黎世界针灸学会联合会第九届执行委员会第二次会议、2019 年匈牙利第十六届世界中医药大会、2023 年俄罗斯第四届国际中医药大会等学术活动。出访俄罗斯、哈萨克斯坦、乌兹别克斯坦、匈牙利、泰国、南非等国，以及中国香港、澳门等地区，参加国际学术交流活动并发表演讲。2019 年 9 月，医院院长宋虎杰受邀参加了哈萨克斯坦第七届国际科学实践会议之康复论坛，被纳扎尔巴耶夫大学医学部授予"荣誉教授"称号。

近 10 年来，医院接待了来自波兰华沙医科大学、土库曼斯坦首都医科大学、罗马尼亚克卢日—纳波卡 Iuliu Hatieganu 医药大学、俄罗斯莫斯科州儿童精神病医院、俄罗斯传统医学院、土库曼斯坦国家心血管医学中心、澳门儿科学会、哈萨克斯坦 A 诊疗中心等机构，以及美国、英国、匈牙利、澳大利亚、捷克、加拿大、冈比亚、法国、哈萨克斯坦、印度等 40 余个国家和地区的专家学者来医院进行中医药诊疗及文化交流。2022 年 8 月，来自墨西哥、哥伦比亚、马拉维、印度、津巴布韦等十个国家的驻华使节访问基地。

三　开展中医药国际培训，进一步
推动中医药"走出去"

2016 年 8 月，举办小儿脑瘫中西医结合治疗与康复国际培训班，邀请到来自美国、瑞典、俄罗斯的医学教授进行授课，共有来自哈萨克斯坦、巴

基斯坦等国的 30 名医学专家参加了培训。

2019 年 10 月，联合俄罗斯中医药学会在西安举办了为期两周的首届俄罗斯中医药学会国际学习班，吸引了来自俄罗斯、哈萨克斯坦、保加利亚等国的 28 位医疗领域的专家、学者参加本次培训。医院对学员就脑瘫、脑积水、中风等脑病的中医药诊疗，以及针灸、推拿、拔罐等适宜技术进行了理论讲解与临床实践相结合的培训。通过考核的学员们顺利结业，将所学的中医药诊疗技术带回本国，服务当地患者，受到广泛赞誉。

2019 年 12 月，来陕培训的冈比亚医疗护理技术培训班一行 25 人在冈比亚卫生部主任 SAHO MUSTAPHA、冈比亚红十字会副主席 SANNEH BAKARY 带领下莅临基地，就中医护理的技术和经验进行了学习、交流。

2022 年，2022 儿童脑病中医诊疗与康复国际培训班（第一期）召开，来自哈萨克斯坦阿斯塔纳医科大学传统医学中心、哈萨克斯坦西安国际脑病康复中心、哈萨克斯坦阿鲁阿那康复中心的专家学者在线上进行了培训。

四 制定中医药国际标准，促进中医药国际化进程

医院是世界中联小儿脑瘫专业委员会会长、秘书长单位。2018 年 6 月，西安中医脑病医院牵头起草制定了《国际中医临床实践指南——脑性瘫痪》，在西安、哈萨克斯坦等地经多国专家论证讨论及修改完善，于 2019 年 11 月 9 日在匈牙利召开的世界中医药学会联合会第四届第五次理事会、常务理事会与第五次监事会上通过审定，并于 2021 年 10 月由世界中医药学会联合会标准部正式发布。该指南的发布与推广，将进一步推动海内外小儿脑健康产业的规范发展。

五 举办中医药国际学术会议，促进中医药产学研国际合作交流

2016 年 6 月，医院发起成立世界中医药学会联合会小儿脑瘫专业委员会，现有来自全球 35 个国家和地区的 900 余名会员，先后在西安、沈阳、昆山、印度尼西亚、意大利等地承办、联办国际学术会议 10 余次。2016 年

8月，承办的世界中医药学会联合会小儿脑瘫专业委员会成立大会暨首届脑瘫国际学术论坛吸引近500名与会代表参加，邀请到18位海内外知名专家进行了演讲交流。2017年10月，在西安举办小儿脑瘫中西医诊疗与康复国际新进展论坛；2018年5月，在昆山举办两岸儿童发育障碍早期干预与教育论坛；2018年8月，在沈阳组织举办了第八届全国儿童康复暨第二届世界中联小儿脑瘫诊疗与康复国际学术会议；2018年在意大利举办第二届世界中联小儿脑瘫国际学术论坛；2019年在西安协办世界中医药大会第五届夏季峰会，同期举办第三届世界中联小儿脑瘫国际学术论坛；2021年6月，在合肥参与举办第九届全国儿童康复、第十六届全国小儿脑瘫康复、第四届世界中医药学会联合会小儿脑瘫诊疗与康复学术会议暨国际学术论坛；2022年8月，在西安举办世界中联小儿脑瘫专业委员会换届大会暨第五届学术年会；2023年6月，在成都举办世界中联小儿脑瘫专业委员会换届大会暨第六届学术年会。

2022年9月，医院承办中国—中亚民间友好论坛传统医学与健康分论坛，哈萨克斯坦阿斯塔纳医科大学副校长科伊卡夫·维达里教授，哈萨克斯坦阿斯塔纳医科大学公共卫生与管理学院院长达列诺夫·耶尔博拉特教授，哈萨克斯坦卫生部代表、阿斯塔纳医科大学传统医学中心主任、医学博士叶尔兰教授线上出席了论坛，科伊卡夫·维达里教授与叶尔兰教授分别在论坛上发表了演讲。

2023年6月，医院举办2023年中国—西安罕见病国际交流会，搭建罕见病的国际交流平台，来自马来西亚、美国、冰岛、西班牙等国内外罕见病领域的专家学者、医务人员，罕见病患者及家属近万人通过线上、线下参加会议。

六　开展中医药国际营销及推广

医院建设英文、俄文网站，并在微信公众平台发布中医药健康知识；与俄罗斯中医药学会联合主办季刊《俄中中医杂志》，与格鲁吉亚社会儿童保护基金会联办《国际儿科杂志》，发表多位传统医学专家的学术文章，宣传医院中医特色诊疗技术。

医院牵头组织陕西中医药展团参加了 2021 年、2022 年中国国际服务贸易交易会及粤港澳大湾区服务贸易大会，向"一带一路"市场推广中医药技术和产品。2022 年 8 月，医院参加第六届丝绸之路国际博览会，展示中医药独特魅力。

七 促进区域协同发展

医院牵头筹建"一带一路"健康产业联盟，吸纳中亚五国、俄罗斯、格鲁吉亚。印度等共建"一带一路"国家的医学专家定期开展学术交流，建立互利合作关系。

作为主要发起单位之一筹建陕西省服务贸易协会；筹建陕西中医药服务贸易国际合作联盟。

下一步，西安中医脑病医院将从以下五方面加强中医药国际交流与合作。

一是加强与丝路共建国家中医药交流与合作。开展多层次、多形式的学术交流，参加高层次国际论坛，搭建交流平台，举办合作论坛，拓宽合作领域，拓展更多合作项目。接待俄罗斯、澳门等合作机构来访洽谈合作。筹备参加欧亚经济论坛、国际中医药交流合作论坛、丝博会、第七届世界中联小儿脑瘫诊疗与康复学术会议暨国际学术论坛等活动。配合陕西省各厅局代表团出访工作。

二是打造高水平医疗服务平台。加强国际医疗内部人才建设与培养，提供更加优质的医疗与生活服务，吸引更多境外患者前来就诊，同时为在陕驻华领事机构人员、高校留学生、国际学校外籍师生等提供医疗保健服务。通过远程医学平台为境外患者提供远程咨询、远程会诊等远程医疗服务。跟进已有中国—哈萨克斯坦传统医学中心及中国—哈萨克斯坦传统医学中心阿拉木图分中心建设。持续与俄罗斯、捷克、塞尔维亚、非洲国家进行中医药海外合作洽谈，开展互访考察，探讨合作意向。

三是开展中医药国际培训。制定适宜的线上线下相结合的培训方案，为共建"一带一路"国家医疗从业人员、在陕留学生提供中医药国际培训。开展俄罗斯中医药线下培训班、乌兹别克斯坦国立中等医学及药学从业人员继续教育中心中医药线上培训班、在陕留学生中医药文化体验培训活动，以及2023儿童脑病中医诊疗与康复（第二期）线上培训班。

四是推进区域协同发展。进行"一带一路"健康产业联盟成立大会前期筹备工作，推进陕西中医药服务国际合作联盟成立。

五是宣传推广。配合各大媒体进行中医药国际宣传及推广，在境内外通过多种媒体平台宣传医院"一带一路"建设。西安中医脑病医院以"一带一路"为指引，以扩大中医药服务出口为导向，传承精华、守正创新，全面提升"中国服务"品牌的国际影响力和竞争力；促进中医药与共建"一带一路"国家的传统医学相互补充、协同发展，打造"健康丝绸之路"先行区，助力构建人类卫生健康共同体。

B.17

"一带一路"制造业合作：陕汽集团案例

郑可嘉 杨俊*

摘 要： 自2013年"一带一路"倡议提出至今，作为西北地区具有影响力的装备企业，中国首批整车及零部件出口企业陕汽紧抓"一带一路"机遇，充分整合国际市场的优势资源，不断进行技术迭代和创新，形成了以客户为中心、深挖细分市场需求、为每个市场量身定制的"一国一车"产品策略，已累计新进入32个共建"一带一路"国家和地区市场，产品覆盖"一带一路"国家和地区数量由2012年的80个增加至112个，销量增加超15万辆。

关键词： 陕汽重卡 "一带一路" "一国一车"

陕西汽车控股集团有限公司（简称陕汽），总部位于陕西西安，前身是始建于1968年的陕西汽车制造厂。下辖100余家参控股子公司，资产总额达760亿元，业务涵盖整车、专用车、零部件和后市场服务四大板块，是行业内唯一连续六次参加阅兵式的重型军车企业，先后荣获了"全国文明单位""中国质量奖提名奖""全国脱贫攻坚先进集体"等诸多殊荣。2023年，陕汽以433.19亿元的品牌价值连续17年荣登"中国500最具价值品牌榜"。

陕汽面对中国市场经济变革和改革开放等多种重大挑战，克服困难，走出了一条具有特色的发展之路，成为中国大型全系列商用车制造企业、首批

---

* 郑可嘉，陕西汽车控股集团有限公司进出口市场部高级业务经理，主要负责陕汽海外品牌推广策划相关工作；杨俊，陕西汽车控股集团有限公司党委宣传部品牌管理，主要负责企业文化及品牌传播相关工作。

整车及零部件出口基地企业。

如今的陕汽从"走出去"转向"走进去"，构建"出海"新格局。已拥有了完善的国际市场营销网络和标准化的全球服务体系，营销网络覆盖非洲、东南亚、中亚俄罗斯、中东、中南美等区域，海外品牌SHACMAN卡车已销往全球140余个国家和地区，覆盖110余个共建"一带一路"国家和地区，海外市场保有量超过27万辆，出口量和出口额稳居行业前列。

一 背景

2013年共建"一带一路"倡议提出，有效促进了共建国家和地区的经济合作和人文合作。陕西继承弘扬丝路精神，积极发挥"一带一路"重要节点作用，积极融入国家发展大局，参与国际贸易和投资，加强经济、文化、教育等领域的交流合作，不断扩大开放，加速转型升级，全面推进改革发展，特别在新能源、新材料、高端装备制造等方面，取得了显著成果。"一带一路"倡议为陕西注入了新的发展动力，推动其进入更高水平、更高质量的发展阶段。

陕西共建"一带一路"的实践成果，为企业带来了更好的营商环境和公共服务，以及更多的国际合作机会。作为陕西重要的装备制造企业，陕汽紧抓利好政策和市场机遇，在技术迭代和创新、人才培养、产品布局等方面持续投入，逐渐形成了以客户为中心、深挖细分市场需求、为每个市场量身定制的"一国一车"产品策略，大幅提升了企业和产品竞争力。

二 亮点及经验做法

早在1992年，陕汽就拿到了进出口贸易权。从最初的奥龙、F2000，到如今X5000、X6000高端智能重卡，陕汽在自主品牌国际化道路上走出了一段具有标志性的历程。

自 2013 年"一带一路"倡议提出以来，陕汽新进入了 32 个共建"一带一路"国家和地区，产品覆盖"一带一路"国家和地区数量由 2012 年的 80 个增加至 112 个，累计销量增加超 15 万辆。

（一）深度践行"两个关注"，实施"一国一车""一国一策"

1."一国一车"，全面满足客户个性化需求

陕汽始终以客户为中心，关注产品全生命周期，关注客户运营全过程，对不同市场环境和用户需求进行深入调研，通过大数据分析，结合海内外车型、工况环境等因素，在始终坚持以客户需求为导向的正向研发理念的基础上，以产品、服务、配件、智能网联等为抓手，切实做到"客户需要什么，就为客户开发什么样的产品"，非洲热，陕汽重卡打造"高原版""热区版"，俄罗斯冷，"寒区版"车型应时而生，较为突出的阿联酋 6×6 全驱车，就是为沙漠工况定制的车型。以资源型国家哈萨克斯坦为例，该国石油、天然气以及矿产等能源产业以原料挖掘为主，制造业特点是重开采，陕汽在哈萨克斯坦重点推出的自卸车产品正好符合其本土市场需求。在此基础上，陕汽基于哈萨克斯坦实际国情，加大对公路用车市场的开发力度，基本形成了以自卸车为主，牵引车销量和占比不断提升，载货车、专用车稳定贡献增量的产品结构，进一步提高了市场占有率和用户满意度。

2.黄金产业链加持，打造高品质重卡

与此同时，陕汽与潍柴、康明斯、法士特、汉德车桥等重卡优秀资源企业，形成的基于股权关系的战略联盟，让拥有中国最优质发动机、变速箱和车桥资源的陕汽重卡，成为共建"一带一路"国家项目建设的首选品牌。目前，在传统产品的基础上，以 X3000、X5000 等为代表的高端产品也在中亚地区实现了快速销售。

（二）为客户提供物流运输整体解决方案和独具特色的售后服务

1."走出去"：构建完善的国际市场营销网络和标准化的全球服务体系

随着海外网络布局的不断完善与快速覆盖，陕汽充分发挥特色服务领先

优势，为各类项目提供全生命周期的服务解决方案，搭建起"海外服务站+海外办事机构+总部远程支持+专项驻点服务"四级服务保障机制，建立起"海外渠道储备、市场精准预投与配件自营保障相结合"的三级配件保障模式，制定区域专属化的配件保障方案，针对重点客户、物流运输干线等区域，建设SHACMAN自营配件中心库，形成了专业的配件保障体系。

2. "走进去"：与合作伙伴深度融合，搭建本地化工厂

2013年，在"一带一路"倡议提出当年，陕汽与哈萨克斯坦合作伙伴开始共同开展散件组装业务，合作以来陕汽已经完成了超过1400辆卡车的当地装配，其中包括牵引车、自卸车等各种类型的车辆，在中亚地区实现了从"走出去"到"走进去"的转变。陕汽重卡在哈萨克斯坦境内外的运输行业得到广泛应用，为当地的经济发展和建设做出了不可忽视的贡献。目前，陕汽已经在15个国家和地区建立本地化工厂，能更快速地响应用户反馈，提升产品质量。

三　取得的成效

作为"一带一路"倡议坚定执行者，陕汽始终秉承互利共赢的"丝绸之路"精神，坚定不移地推进区域互联互通，为促进中国—中亚经济繁荣做出积极而有意义的贡献，共建开放包容、繁荣美丽的新丝路。

（一）做优质量、做精服务，企业市场版图不断扩大

2023年5月18日至19日，中国—中亚峰会在西安举行，在这一全球瞩目的国际峰会上，陕汽党委书记、董事长袁宏明应邀出席，参加了塔吉克斯坦共和国总统与中国企业家见面会、中国—中亚实业家委员会成立大会，深化区域互联互通、高质量共建"一带一路"等活动。中国—中亚峰会的顺利召开，把陕汽和中亚五国再次紧密地联系到了一起。中亚地区不仅是"一带一路"的首倡之地，更是陕汽的传统优势市场。目前陕汽在中亚五国累计销量已超过3.4万辆，在中国重卡品牌中的市场份额超过了40%，位居

中国重卡品牌第一位。

2022 年，陕汽在南非、摩洛哥、乌拉圭等 16 个国家填补了市场空白，新开发营销渠道 34 条，服务网络 57 条，配件网络 22 条，在菲律宾、越南、马来西亚、阿联酋、苏丹等 14 个国家重构了渠道体系，择优选优，不断优化全球渠道布局。在共建"一带一路"国家实现销量 3.24 万辆，占到出口销量的 94.79%。

（二）积极参与共建国基础建设，不断提升企业品牌影响力

参与 110 个海外项目，提供车辆全生命周期服务，企业品牌影响力大幅提升。十年以来，陕汽始终以客户为中心，做"一带一路"的坚定执行者，不断加强与共建国家的经济合作，以实际行动推动贸易和投资自由化便利化，促进生产要素有序流动，积极参与"一带一路"各国基础设施的互联互通建设，为中信中铁建阿尔及利亚东西高速公路项目、中国路桥肯尼亚蒙内铁路项目、中国路桥柬埔寨金港高速公路项目、中国路桥巴基斯坦 KKH 项目、中信安哥拉社会住房项目、塔吉克斯坦中国路桥中塔公路项目等 110 余个项目提供产品全生命周期服务，累计交付参与"一带一路"中资项目的车辆超过 2.5 万辆。

蒙内铁路项目作为共建"一带一路"的旗舰项目，通过基础设施的"硬联通"改变了肯尼亚的交通版图、规则技术的"软联通"提高了肯尼亚铁路系统的软实力、顺应民心的"心联通"增进了中肯之间的交流。蒙内铁路项目成为惠民生、得民心、顺潮流的中非合作共赢示范项目，让合作共赢的力量直抵人心。

2014 年 9 月，蒙内铁路正式开工启动，东起港口城市蒙巴萨，西至首都内罗毕，成为肯尼亚 1963 年独立以来建设的首条铁路，也是这个国家 60 年来规模最大的基建项目。陕汽凭借多年大型海外工程服务经验，为蒙内铁路项目量身定制全方位物流解决方案，投入使用各类车辆 400 余辆。而当时，客户实际只需要 389 辆车，陕汽现场提供 394 台，其他 5 辆车用来保障整个建设过程中的高效服务。项目工程历时 29 个月，陕汽重卡不仅凭借过

硬的产品质量完美应对了肯尼亚高温湿热、复杂地貌等自然环境，其贴心服务更是得到了项目组的一致认可。服务中，陕汽为该项目制定了全方位的服务保障措施，并派驻专项服务小组常驻项目，专项服务小组共计巡查、检修、回访客户 2000 余次，组织各类驾驶员及维修工培训 340 余次，服务车辆累计行驶里程超过 24 万公里，以专业的服务和吃苦耐劳的精神，得到了中国路桥蒙内铁路项目组的高度肯定，在 13 家服务商评比中获得银奖。

而印尼镍矿项目作为"一带一路"倡议下的标杆项目，一直以来备受中印（印度尼西亚）两国政府关注，习近平主席和时任印度尼西亚总统苏西洛在印度尼西亚首都雅加达共同见证了双方的签约。在实际运营中，矿区复杂的工况和高负荷运营环境，对重卡的承载力、通过性、动力性和出勤率都有着严苛的要求。作为该项目最主要的重卡设备提供商，陕汽为其量身打造了"产品+服务+配件"的全生命周期整体解决方案，得到了项目方的高度肯定。同时，依托该项目维修条件成熟、车辆种类多等优势，陕汽印度尼西亚服务团队积极组织培训活动，为项目培养了一大批具备专业车辆维修技术的本地人才，增强了 SHACMAN 车辆的保障能力，提高了车辆维修保养的便利性。在整个项目中，SHACMAN 重卡凭借超强承载力、高通过性、强劲动力在恶劣工况和重载方面遥遥领先其他品牌，为项目的运营奠定了坚实的基础。

通过服务国际大型项目，陕汽不仅积累了宝贵的国际化合作经验，更树立了良好的品牌形象。与此同时，陕汽以国际性展会、推介会等形式，积极推广企业形象；以优质的产品、贴心的服务，与众多优秀伙伴强化合作，持续推进海外本地化进程；以经销商的规划和培训为契机，不断输出生产技术和管理经验，全面提高陕汽知名度和品牌价值，陕汽重卡也成为共建"一带一路"国家项目建设的首选品牌。

四 面临的难题

在国际市场开拓过程中，陕汽紧抓历史机遇，坚定不移地推进区域互联互通、高质量共建"一带一路"倡议，同时，陕汽也与其他走向世界的中国企业一样，遇到了各类难题。

（一）贸易保护主义的抬头

贸易保护主义抬头可能导致关税和各种非关税贸易壁垒的提高，比如配额限制、市场准入限制条件等，从而使出口成本增加，价格竞争力下降，对陕汽出口造成一定的压力和阻碍。在这一背景下，陕汽也在寻求更多新的模式，比如从一般贸易走向本土化合作，使陕汽的产品、技术、服务、管理、标准等全面走出国门、融入世界，这样的方式既能有效突破关税和非关税贸易壁垒，也能为当地带来更多就业，带动当地经济发展。

（二）国际汇率波动

如果人民币对其他国家货币汇率上升，意味着陕汽产品的价格上升，客户购车成本增加，这将使得陕汽在国际市场的竞争力下降，可能会减少市场份额和销售额。而2023年以来，多国货币如肯尼亚先令加纳赛地、埃及磅等均有不同程度的贬值，当地客户经营风险增加，对企业到期收汇的影响较大。

（三）文化差异

不同国家的文化背景和价值观不同，可能会导致客户对产品需求和偏好存在差异，其影响是多方面的。例如，发达国家可能更注重产品的舒适性，而发展中国家更关注产品的性价比，这样的差异可能会影响企业在各个国家的产品配置。对此，陕汽在充分了解目标市场的文化背景和客户需求基础上，推行"一国一车"策略，制定针对性的营销策略和产品方案，成为客户首选产品，全面提升陕汽重卡在各个国家的销售额。

五　未来展望

下一步，陕汽将继续围绕"一带一路"国家和地区市场，切实提高政治站位，始终关注国之大者，不断增强全局意识，聚焦传统亚非拉市场，强优补短，布局高端和空白市场，进一步完善海外市场布局，填补其他21个共建"一带一路"国家和地区市场空白；以技术输出和资本输出为手段，以生产本地化和人员本地化为落脚点，加速推动本地化战略落地实施；加大X3000产品推广力度，全面推广5000、6000等平台产品，导入新能源产品，推动产品迈向高端；紧紧围绕"两个关注"，为客户提供全生命周期的服务解决方案，搭建起"海外服务站+海外营销区+总部远程支持+专项驻点服务"四级服务保障机制，持续增强陕汽特色服务领先优势，致力于以"中国制造"切实践行"一带一路"倡议，以"中国品质"为当地基础设施建设和汽车工业发展贡献最大力量。

社会科学文献出版社

皮书

智库成果出版与传播平台

❖ 皮书定义 ❖

皮书是对中国与世界发展状况和热点问题进行年度监测，以专业的角度、专家的视野和实证研究方法，针对某一领域或区域现状与发展态势展开分析和预测，具备前沿性、原创性、实证性、连续性、时效性等特点的公开出版物，由一系列权威研究报告组成。

❖ 皮书作者 ❖

皮书系列报告作者以国内外一流研究机构、知名高校等重点智库的研究人员为主，多为相关领域一流专家学者，他们的观点代表了当下学界对中国与世界的现实和未来最高水平的解读与分析。

❖ 皮书荣誉 ❖

皮书作为中国社会科学院基础理论研究与应用对策研究融合发展的代表性成果，不仅是哲学社会科学工作者服务中国特色社会主义现代化建设的重要成果，更是助力中国特色新型智库建设、构建中国特色哲学社会科学"三大体系"的重要平台。皮书系列先后被列入"十二五""十三五""十四五"时期国家重点出版物出版专项规划项目；自2013年起，重点皮书被列入中国社会科学院国家哲学社会科学创新工程项目。

皮书网

（网址：www.pishu.cn）

发布皮书研创资讯，传播皮书精彩内容
引领皮书出版潮流，打造皮书服务平台

栏目设置

◆ 关于皮书
何谓皮书、皮书分类、皮书大事记、
皮书荣誉、皮书出版第一人、皮书编辑部

◆ 最新资讯
通知公告、新闻动态、媒体聚焦、
网站专题、视频直播、下载专区

◆ 皮书研创
皮书规范、皮书出版、
皮书研究、研创团队

◆ 皮书评奖评价
指标体系、皮书评价、皮书评奖

所获荣誉

◆ 2008年、2011年、2014年，皮书网均
在全国新闻出版业网站荣誉评选中获得
"最具商业价值网站"称号；

◆ 2012年，获得"出版业网站百强"称号。

网库合一

2014年，皮书网与皮书数据库端口合
一，实现资源共享，搭建智库成果融合创
新平台。

皮书网

"皮书说"
微信公众号

S 基本子库
UB DATABASE

中国社会发展数据库（下设 12 个专题子库）

　　紧扣人口、政治、外交、法律、教育、医疗卫生、资源环境等 12 个社会发展领域的前沿和热点，全面整合专业著作、智库报告、学术资讯、调研数据等类型资源，帮助用户追踪中国社会发展动态、研究社会发展战略与政策、了解社会热点问题、分析社会发展趋势。

中国经济发展数据库（下设 12 专题子库）

　　内容涵盖宏观经济、产业经济、工业经济、农业经济、财政金融、房地产经济、城市经济、商业贸易等 12 个重点经济领域，为把握经济运行态势、洞察经济发展规律、研判经济发展趋势、进行经济调控决策提供参考和依据。

中国行业发展数据库（下设 17 个专题子库）

　　以中国国民经济行业分类为依据，覆盖金融业、旅游业、交通运输业、能源矿产业、制造业等 100 多个行业，跟踪分析国民经济相关行业市场运行状况和政策导向，汇集行业发展前沿资讯，为投资、从业及各种经济决策提供理论支撑和实践指导。

中国区域发展数据库（下设 4 个专题子库）

　　对中国特定区域内的经济、社会、文化等领域现状与发展情况进行深度分析和预测，涉及省级行政区、城市群、城市、农村等不同维度，研究层级至县及县以下行政区，为学者研究地方经济社会宏观态势、经验模式、发展案例提供支撑，为地方政府决策提供参考。

中国文化传媒数据库（下设 18 个专题子库）

　　内容覆盖文化产业、新闻传播、电影娱乐、文学艺术、群众文化、图书情报等 18 个重点研究领域，聚焦文化传媒领域发展前沿、热点话题、行业实践，服务用户的教学科研、文化投资、企业规划等需要。

世界经济与国际关系数据库（下设 6 个专题子库）

　　整合世界经济、国际政治、世界文化与科技、全球性问题、国际组织与国际法、区域研究 6 大领域研究成果，对世界经济形势、国际形势进行连续性深度分析，对年度热点问题进行专题解读，为研判全球发展趋势提供事实和数据支持。

法律声明

"皮书系列"（含蓝皮书、绿皮书、黄皮书）之品牌由社会科学文献出版社最早使用并持续至今，现已被中国图书行业所熟知。"皮书系列"的相关商标已在国家商标管理部门商标局注册，包括但不限于LOGO（▧）、皮书、Pishu、经济蓝皮书、社会蓝皮书等。"皮书系列"图书的注册商标专用权及封面设计、版式设计的著作权均为社会科学文献出版社所有。未经社会科学文献出版社书面授权许可，任何使用与"皮书系列"图书注册商标、封面设计、版式设计相同或者近似的文字、图形或其组合的行为均系侵权行为。

经作者授权，本书的专有出版权及信息网络传播权等为社会科学文献出版社享有。未经社会科学文献出版社书面授权许可，任何就本书内容的复制、发行或以数字形式进行网络传播的行为均系侵权行为。

社会科学文献出版社将通过法律途径追究上述侵权行为的法律责任，维护自身合法权益。

欢迎社会各界人士对侵犯社会科学文献出版社上述权利的侵权行为进行举报。电话：010-59367121，电子邮箱：fawubu@ssap.cn。

社会科学文献出版社